LO QUE OTROS DICE[N SOBRE] MICHELLE MCKINNE[Y HAMMOND Y] *CUANDO TODO CAMBIÓ*

Reconociendo que la única constante en la vida es el cambio, Michelle fusiona hábilmente espiritualidad con utilidad, y nos ofrece pasos factibles y estrategias ganadoras para avanzar, pase lo que pase. *Cuando todo cambió* está garantizado que prenderá un fuego en todos los que acepten la sabiduría que hay en estas páginas. Yo lo leeré una y otra vez.

—Deborah Smith Pegues, CPA/MBA
Presentadora de TV; autora galardonada de
30 Days to Taming Your Tongue

¡Qué gran libro para los tiempos en que vivimos! Lleno de perspectivas prácticas y sanos principios espirituales para hacernos camino en los cambios en nuestra vida. Michelle nos asegura que, nos guste o no, el cambio llegará, pero nuestra respuesta a él es lo que marcará toda la diferencia. Serás inspirado y empoderado para hacer que cada cambio cuente.

—Roma Downey
Actriz, productora y autora de éxitos de venta

La perspectiva es lo que vemos; la percepción es cómo entendemos lo que vemos. En este libro, mi amiga Michelle McKinney Hammond nos ayuda a darle sentido a las razones de la vida y nos enseña cómo trascender los ciclos de la vida. ¡Es oro puro!

—Obispo Dale C. Bronner, D. Min.
Autor de *Principios de Poder*
Fundador/pastor principal de Word of Faith Cathedral

¡El título *Cuando todo cambió* lo dice todo! ¡Dile sí a lo *próximo*! debería emocionar a cada lector y líder. Tú tienes un *próximo*, y querrás decirle "sí". Mi amiga Michelle McKinney Hammond desarrolla cómo decir sí a lo *próximo* con grandes dosis de empatía, transparencia y pasos pragmáticos. Tienes un *próximo*; por lo tanto, ¡corre hacia ello!

—*Sam Chand*
Consultor de liderazgo
Autor de *El dolor del liderazgo*

Como alguien que sabe cómo se ve el creer, puedo decir que Michelle es la reina de la reinvención. En este libro comparte ricas perspectivas y soluciones prácticas que, sin duda, ayudarán a que reencamines tu vida. Libro de lectura obligada si estás enfrentando un reto de cualquier tipo o simplemente necesitas una dosis de inspiración.

—*The Honorable Sheryl Lee Ralph OJ*
Actriz y cantante

CUANDO TODO CAMBIÓ

Dile sí a lo próximo

MICHELLE **MCKINNEY HAMMOND**

Edición: Henry Tejada Portales

Cuando todo cambió
Dile sí a lo próximo

michellehammond.com
relevancelife.org

ISBN: 979-8-88769-118-3
eBook ISBN: 979-8-88769-119-0
Impreso en los Estados Unidos de América

Whitaker House
1030 Hunt Valley Circle
New Kensington, PA 15068
www.espanolwh.com

1 2 3 4 5 6 7 8 9 10 11 31 30 29 28 27 26 25 24

ÍNDICE

VERANO

Mientras la tierra exista, habrá siembra y cosecha, frío y calor, verano e invierno, días y noches.

—Génesis 8:22 (NVI)

PRÓLOGO

Era junio de 2002. Habían cambiado muchas cosas en mi vida en los seis meses anteriores. Mi mamá había sufrido un aneurisma cerebral mientras conversábamos por teléfono una noche, lo cual condujo a una serie de acontecimientos transformadores en mi familia. Cuando su vida cambió en un instante, también cambió la mía. Pasé de ser una mujer soltera y despreocupada de veintitantos años en busca de su sueño de escribir y ser conferencista, a ser una cuidadora que intentaba seguir adelante con mi negocio, a la vez que me movía entre el mundo de los seguros de salud, citas médicas; y ayudar a criar a un niño de tercer grado que resultaba ser mi único hermano.

Me mudé a la casa de mi mamá para ayudar a cuidarla. Y, como si fuera orquestado divinamente, estuve trabajando una temporada de nueve meses como copresentadora de un programa de televisión titulado *The Potter's Touch* (El toque del alfarero) con el obispo T. D. Jakes. El programa se grababa en la iglesia, a diez minutos manejando desde la casa de mi mamá, en el sur de Dallas. Con las responsabilidades de cuidar de mi mamá y de mi hermano, que en ese entonces tenía ocho años, esta oportunidad era prácticamente lo único que podía manejar en ese momento, y estaba agradecida. Cuando llegó junio, estaba grabando mi último episodio del programa, y fue un breve momento durante esa última grabación lo que creó un cambio importante para mi carrera como escritora.

Una de nuestras invitadas en ese episodio era una mujer amable e inteligente llamada Cheryl Martin, expresentadora de noticias para el canal BET. Mencioné de modo informal que había redactado una propuesta para mi segundo libro y tenía intención de que se publicara. En cuanto terminó la grabación, Cheryl estaba decidida a entablar una conversación acerca de mi propuesta. "Envíame una copia", dijo enfáticamente. "Tengo una amiga que es escritora, y su publicadora está buscando autores como tú. Se lo pasaré a ella". Parecía demasiado hermoso para ser verdad, y para ser sincera, yo era un poco escéptica. Sabía que es muy poco frecuente conseguir una audiencia con una publicadora porque no les faltan aspirantes en ciernes que llaman a sus puertas. Incluso menos frecuente es que una autora les pase una propuesta de alguien que no conocen; pero Cheryl era persistente. Ella creía en mí, aunque recién nos habíamos conocido. Por lo tanto, le envié la propuesta a Cheryl. Como prometió, ella se lo pasó a su amiga. Un par de semanas después, mi agente literario me llamó para decirme que Waterbrook Press, una división de Random House, estaba interesada en mi libro.

Entonces, ¿quién era esa amiga misteriosa a quien Cheryl envió mi propuesta? ¿Quién era la amiga que abrió la puerta a una mujer a la que ni siquiera conocía? Esa amiga era una autora sincera, amable y generosa que ha escrito más de cuarenta libros inspiradores y ha vendido millones de ellos. De hecho, este libro que tienes en tus manos es el más reciente. Pasaron un par de años hasta que finalmente conocí a Michelle McKinney Hammond en una conferencia de mujeres donde ambas éramos conferencistas. Desde el momento en que la propuesta de mi libro entró en su correo hace dos décadas atrás hasta la redacción de este prefacio, nuestros caminos se han entrecruzado en momentos en los que se estaba produciendo un cambio.

Todo cambia en cuestión de momentos. Pueden ser momentos orquestados divinamente, y pueden cambiarlo todo. Escribí cinco libros con Waterbrook durante los nueve años siguientes al contrato de aquel primer libro con ellos. Más adelante, cuando fui copresentadora de *Aspiring Women*, un programa de televisión galardonado con un Emmy del que Michelle había sido copresentadora durante una década, la entrevisté para el programa desde su fabuloso apartamento en Chicago. Poco después, las dos experimentamos cambios no planeados en nuestras vidas cuando yo atravesé un divorcio y ella se embarcó en una mudanza a otro continente: a Ghana. Durante ese tiempo la escuché y la alenté, y ella hizo lo mismo conmigo. A medida que mi vida ha hecho una transición hacia un matrimonio, una familia y un negocio bendecidos, Michelle me sigue animando. Su espíritu alentador resplandece con ese mismo brillo en las páginas de este libro.

Los cambios discurren mucho mejor cuando tenemos amigos en los que nos apoyamos. Todavía más cuando esos amigos no dejan de señalarnos a Dios y nos recuerdan que Él está ahí, guiándonos si decidimos estar callados y escuchar. Es realmente dulce y agradable cuando esos mismos amigos nos animan a medida que nos abrimos camino en una nueva temporada, y lo celebramos cuando nuestra vida se desarrolla de maneras nuevas. Y sé que Michelle te está animando a ti con tanto entusiasmo como me anima a mí.

Estás a punto de emprender un viaje por estas páginas con una mujer resiliente, amorosa y llena de fe, que quiere que vivas tu vida al máximo. Ella te mostrará cómo apoyarte en la sabiduría de Dios para encontrar las respuestas que necesitas, y cómo estar ahí con valentía cuando llegue el momento de entrar en un periodo nuevo, ya sea que lo hayas estado esperando o rechazando. Obtendrás claridad y confianza en el proceso. A continuación, está lo que he aprendido acerca de decir "sí" a lo *próximo*:

1. Espera sentir temor. Es normal.

El temor hace que queramos dejar de avanzar, pero la clave para atravesar el temor y dejarlo atrás cuando el cambio nos asusta es esperarlo. El temor es normal. Es el motivo por el que la Escritura nos dice en repetidas ocasiones: "Sé fuerte y valiente". Por lo tanto, has de saber que el temor que sientes significa que eres humano. Tu tarea al enfrentar el temor es ser valiente. Suelta la expectativa de que el temor tiene que desparecer para que puedas avanzar. Cualquier cosa que necesites hacer, hazla a pesar de tu temor.

2. Busca el mensaje divino.

Dios te está hablando en este momento. Por eso decidiste leer este libro. Buscas respuestas a tu dilema presente, y Dios las tiene. De hecho, Él te está hablando mediante tus circunstancias. Busca el mensaje, y después hazle caso.

3. Con frecuencia, Dios obra a través de personas.

Igual que Cheryl y Michelle utilizaron su capacidad para abrir la puerta a un cambio para mí, Dios también permitirá que tu camino se cruce con el de quienes serán fundamentales en tu cambio. Algunas veces, oramos y esperamos un milagro, pero ignoramos a las personas que son un conducto para ese milagro. Pide a Dios que te conecte con personas en las que Él confía y quiera colocar en tu vida con un propósito.

4. Ora por sabiduría.

Los cambios correctos se producen cuando tomamos decisiones sabias. Santiago 1:5 promete: *Si a alguno de ustedes le falta sabiduría, pídasela a Dios* (NVI). No te apoyes en tu propio entendimiento, sino busca a Dios para obtener su entendimiento en tu situación, y su sabiduría para manejarla.

5. Sé fuerte y valiente.

Cuando llega tu nueva temporada, es natural querer aferrarte a la vieja temporada. Es familiar. Por lo tanto, cuando quieras algo nuevo, todavía desearás la certeza de lo que te resulta familiar. Es entonces cuando necesitarás encontrar tu valentía. Sé fuerte y valiente. Las bendiciones están en el horizonte. Tu valentía las desatará. ¡Estoy orando por ti y animándote!

Gracia y paz,
Valorie Burton
Fundadora del Instituto Coaching and Positive Psychology

RECONOCIMIENTOS

Al mejor agente del planeta, Chip MacGregor: gracias por no perder nunca la fe en mí.
Significa más de lo que puedo escribir o decir.

A Christine Whitaker, Amy Bartlett, Peg Fallon, y toda la familia de Whitaker House: gracias por hacerme sentir en casa, darme espacio para expresar lo que Dios ha puesto en mi corazón, y estar comprometidos con la excelencia.

A todo mi círculo íntimo, que me han empujado para subir una colina tras otra,
¡y nunca me dejaron detenerme o abandonar! Ustedes saben quiénes son. Sepan que son amados y apreciados hasta la luna y las estrellas. ¿O es hasta el Hijo? Bueno, ustedes saben a qué me refiero.
¡Les amo hasta lo profundo, lo alto y lo ancho!

Dios, ¿qué haría yo sin ti? ¡Oro para no saberlo nunca!
Gracias por estar ahí en todas las temporadas y estaciones.

INTRODUCCIÓN

La persona puede tener muchas ideas con respecto a cuál es el plan de Dios para su vida, pero al final solamente los diseños del propósito de Dios tendrán éxito.
—Proverbios 19:21 (TPT, traducción libre)

A la luz de ciertos acontecimientos que tienen lugar en las vidas de todo el mundo a escala global, como la pandemia de la COVID-19, el aislamiento del mundo, agitación en las economías, cambios en negocios y todos los servicios, y los sectores educativo y religioso, todos somos conscientes de que, ya sea que estemos preparados o no, se produce el cambio.

¿Dónde estabas cuando el mundo cambió? Yo iba de camino a Inglaterra para cumplir con varios compromisos como conferencista. Lo que comenzó como una rutina normal, cambiaría para siempre el rumbo de mi vida. Había anticipado una estancia divertida en el país con amigos durante unos días antes de aventurarme a ir a la ciudad y al hotel donde me quedaría durante mi gira; sin embargo, el día después de mi aterrizaje, ¡el país quedó cerrado! ¡Las reuniones fueron canceladas! Ghana, el país donde yo residía, cerró sus fronteras por siete meses. Una estancia de cinco días en el país con amigos se convirtió en una estadía de cinco meses. Los dos últimos meses me mudé a mi propio apartamento, sin saber cuánto tiempo más tendría que quedarme en Londres.

Pegada al televisor y a las redes sociales cada día, seguía la pista de lo que estaba sucediendo en el mundo en un estado de asombro y perplejidad. El mundo se quedó en silencio. Tenía la sensación de estar metida en cierto tipo de capullo mientras daba tranquilos paseos, musitaba acerca del futuro, cómo me afectarían los acontecimientos, y cuánto tiempo duraría todo aquello... Mi mente daba vueltas y vueltas, llena de multitud de pensamientos, y mientras tanto me preguntaba a dónde me llevaría todo eso a mí misma, al mundo, y a las personas que conocía y amaba. A medida que el número de víctimas aumentaba y se hacía más evidente que el final no estaría claramente a la vista durante bastante tiempo, tenía que cambiar de marcha; sí, ahí está esa palabra otra vez. De esperar a que la prueba actual terminara, tuve que pasar a decidir cómo iba a hacerme camino en medio de ella.

Aunque esta situación parecía ser extrema, y me forzó a tomar decisiones que no habría tomado anteriormente, era mi realidad presente. Tenía que tomar una decisión. Podía estar paralizada por la situación o aprovecharla. Escogí lo segundo. Mientras descubría el mundo de Zoom y maneras alternativas de alcanzar e influenciar positivamente a otras personas, llegué a la comprensión de que, efectivamente, la vida puede demandar que hagamos cambios en contra de nuestra voluntad, pero cómo respondemos a sus demandas tiene todo que ver con el resultado que obtengamos... para mejor o para peor. Esa misma opción está también a tu disposición, de ahí esta oferta. Te invito a mi viaje, que es también *tu* viaje. Por lo tanto, vamos a recorrerlo juntos.

Vivimos en un mundo que no nos prepara para el futuro, ni tampoco para el cambio. Sin embargo, las cambiantes arenas del tiempo demandan que aprendamos a mantenernos de pie incluso cuando parezca que estamos perdiendo nuestro punto de apoyo. Se ha dicho que "la vida cambia", y ciertamente así es. Con más rapidez de lo que esperamos o preferiríamos. Yo lo he visto y lo he experimentado. Un día tienes calor; al día siguiente ya no lo tienes. Ciclos de desarrollo dan paso a la mera supervivencia. La afluencia económica da paso a temporadas de tener tan poco, que te dejan orando por el pan diario.

¿Cuál es la diferencia entre quienes tienen problemas y quienes florecen en las transiciones estacionales de la vida que nos confrontan a medida que avanza el tiempo? Es la capacidad de comprender y abordar las temporadas en las que nos encontramos y evaluar su propósito. Aferrarnos al pasado evita que tengamos el futuro que nos espera. La vida es un proceso continuo. Lo que parece ser el final nunca es el final. Ese obstáculo, ese fracaso, o esa aparente negativa ¡es meramente un desvío hacia lo *próximo*!

Tu cónyuge te abandona. ¿Qué es lo *próximo*? Sufres un revés financiero. ¿Qué es lo *próximo*? Tu negocio fracasa. Tu empleo termina. Muere un ser querido. Los padres que conoces y amas ahora tienen necesidad de tus cuidados. La vida tal como la conoces ya no es la vida que conocías y dominabas... ¿Qué es lo *próximo*? ¿Qué hacemos cuando la vida parece detenerse en seco? Cuando las cosas que funcionaban antes dejan de funcionar. Cuando el teléfono deja de sonar. Cuando experimentamos rechazo, traición o negativa. Cuando la demanda de lo que hacíamos se va deteniendo hasta convertirse en algo que se va lentamente o algo que ya no está ahí. Nos sentimos irrelevantes, sin voz, obsoletos. ¿Qué sucede entonces?

¿Significa que ya no tienes un propósito, un motivo para seguir viviendo o soñando? ¡Claro que no! El reto ahora se convierte en cómo hacerte camino en tu nueva estación desde una perspectiva nueva, a fin de completar su misión o incluso ampliarla. Yo lo denomino atravesar tu "por qué" para llegar a tu "porque". Tu "porque" se convierte en el impulsor, que te insta a avanzar, algunas veces incluso en contra de tus mejores inclinaciones. Te recuerda tu pasión, la primera palabra o promesa que Dios susurró a tu espíritu, y la razón para avanzar ante la oposición o incluso la derrota aparente. Quienes se quedan atascados en el "por qué" permanecen paralizados, como el hombre que estaba en el estanque de Betesda en la Biblia, observando cómo se movía el agua cerca de él pero sin llegar a averiguar cómo meterse en la corriente y avanzar (véase Juan 5:2-9).

En el mundo de los negocios, avanzar superando obstáculos se denomina gestión del cambio. En nuestro mundo personal lo llamamos hacer los ajustes necesarios. En el ámbito espiritual se llama: *Olvido el pasado y fijo la mirada en lo que tengo por delante, y así avanzo hasta llegar al final de la carrera para recibir el premio celestial al cual Dios nos llama por medio de Cristo Jesús* (Filipenses 3:13-14).

En el reino de Dios no existe tal cosa como la jubilación, solamente niveles más elevados de participación en el propósito del reino de Dios. El propósito no tiene fecha de caducidad, pero el propósito demanda que cambiemos con las estaciones y temporadas. Las mentiras que nos dice el enemigo de nuestras almas cuando se producen cambios en nuestras vidas, conduciéndonos a territorio poco familiar, pueden paralizarnos y estancarnos.

Hecho. ¡Siempre hay un *próximo*! Nuestra insistencia en que las cosas sigan siendo iguales cuando estamos ante otras cosas que no podemos controlar, produce un desánimo que hace que nos cuestionemos nuestra valía y comencemos a compararnos con aquellos que parecen estar progresando sin esfuerzo.

El final de una época, tal como la conocemos, es una oportunidad asombrosa para descubrir nuevas dimensiones de nosotros mismos y nuestra capacidad de reinventarnos. Una evaluación y apreciación sinceras de las estaciones de la vida nos ayuda a hacer la transición y capear con gracia cada vaivén. Nada llega para quedarse; todo pasa. Y, al pasar, se abre un camino para que surja algo nuevo y más grande.

Igual que las estaciones naturales, cada cambio es significativo. Cada temporada tiene un propósito que finalmente produce novedad de vida. Cada etapa es necesaria, aunque no todas se ven igual.

¡Imagina ver a alguien caminando por la carretera en bikini en mitad del invierno! ¡O ver a alguien corriendo el día más caluroso del año vestido con un abrigo de piel! Pensarías que algo va muy mal, que esas personas estaban negando la estación en la que se encuentran. Negar el cambio es negarse a crecer, no producir un mayor fruto del que produjimos antes, y perder la recompensa que se espera.

Este libro habla sobre la gestión del cambio personal. Habla sobre ayudarte a reconocer en qué estación y temporada estás, y cómo hacerte camino en esa temporada sin caer en el pánico. Habla de ver la luz al final del túnel y correr hacia ella con la expectativa de que nos espera algo fenomenal. No ha terminado hasta que llegue la última nota, o hasta que tú decidas dejar de vivir, dejar de utilizar los dones que hay en ti, o dejar de compartir quién eres y lo que posees con el mundo que te rodea. Lidiar con el cambio es lo que tú decides que sea. Todos tenemos la misma habilidad de responder estratégicamente cuando la vida nos sorprende, o reaccionar negativamente y quedarnos atascados.

La diferencia entre quienes se levantan para reinventar sus vidas y quienes se desmoronan bajo la presión de los vientos de cambio se encuentra en una decisión: la decisión de vivir a pesar de las condiciones. De dejar de poner excusas y justificar la parálisis.

De tomar literalmente tu camilla y caminar en contra de tus peores temores.

La vida puede volver a comenzar. Y aquí está la parte emocionante: ¡puede ser mejor de lo que era antes! Lo que fue es pasado, y hay mucho más esperando. Por lo tanto, elévate hasta tu punto más alto y declara con confianza: "¡Sí a lo *próximo*!".

Cuando estés en lo más alto, ten cuidado con el monstruo llamado ORGULLO.

El orgullo te hará menospreciar a las personas que no han alcanzado tu nivel de éxito.

Cuando estés en lo más bajo, ten cuidado con el monstruo llamado AMARGURA.

La amargura te pondrá celoso y pensarás que otras personas son el motivo por el que no lo lograste.

Cuando estés de camino a lo más alto, ten cuidado con el monstruo llamado AVARICIA.

La avaricia te hará ser impaciente y hará que robes o busques atajos.

Cuando estés en un camino descendente, ten cuidado con el monstruo llamado DESESPERACIÓN.

La desesperación te hará pensar que todo ha terminado; sin embargo, todavía hay esperanza.

—Carl Wauchope, City of Refuge New York Live

OTOÑO

Boston llegó a hacerse famoso no solo por su marisco tan estupendo sino también por la estación del otoño, cuando las hojas de los árboles cambian de color de modo tan brillante que se ha convertido en una atracción turística. Cuando las cosas comienzan a cambiar a nuestro alrededor, podemos convertirlo en una atracción positiva o en un repelente negativo. El cambio puede ser una distracción o una proyección hacia adelante.

El otoño señala que el aire está a punto de cambiar; se convierte en un periodo de transición, que nos permite no solo un tiempo de completar los restos de la cosecha sino también el lujo de prepararnos para el invierno. Algunos dan la bienvenida al cambio de clima como un alivio del calor. Otros comienzan a temer el inicio del invierno.

El modo en que decidimos evaluar el cambio y hacer los ajustes necesarios finalmente influirá en cómo avanzamos y si perecemos, sobrevivimos o prosperamos. Ahora es el momento de plantear varias preguntas clave que te permitirán avanzar sin temor.

- ¿Qué está sucediendo?
- ¿Qué quiero que suceda?
- ¿Cuáles son mis opciones?

- ¿Qué es lo peor que podría suceder?
- ¿Qué es lo mejor que podría suceder?
- ¿Qué necesito para hacer realidad una transición positiva?

Creo que ya sabemos que el cambio llegará mucho antes de que se produzca. Existe lo que yo denomino un *descontento divino* que comienza en la boca del estómago, en el borde del subconsciente, que comienza susurrando que el lugar donde estás y lo que estás haciendo ya no es sostenible. Algo tiene que cambiar. Lo que ahora es, ya cansa. Al igual que las hojas que cambian de color antes de caer, sientes que tú mismo y las circunstancias que te rodean van perdiendo su gloria anterior. Sientes una extraña sensación de desapego, una falta de pasión, una falta de deseo de seguir haciendo lo mismo. Como un juguete que se queda sin baterías, te mueves cada vez más lentamente antes de llegar a detenerte por completo, sin potencia e incapaz de funcionar.

El problema es que, aunque nos sentimos preparados para el cambio, la manifestación real de ese cambio puede ser bastante desconcertante, en especial si el cambio no fue orquestado por nosotros. Queremos tener el control y, sin embargo, en raras ocasiones lo tenemos cuando comienza a producirse un cambio real.

Puedes observar que ninguna de las preguntas que enumeré antes planteaba cómo te *sentías*. Eso se debe a que ahora no es el momento de hablar de sentimientos. El rango de emociones que puedes experimentar probablemente no te ayudará a hacerte camino como deberías hacerlo. Recelo, temor, duda, enojo y dolor te distraerán, evitando que tomes buenas decisiones. Al avanzar, tendrás que dominar tus pensamientos e indicar a tus emociones que sigan, y no al contrario. Por lo tanto, es fundamental tomar decisiones informadas que estén basadas en la realidad, versus tu respuesta a ella.

Veamos algunos asuntos fundamentales que debemos evaluar para reconocer las señales de la estación y hacernos camino por los movimientos inminentes que dan origen al cambio. Tengamos en mente que nunca es el final. ¡Siempre hay un *próximo*!

Hay una **temporada** *para todo, un tiempo para cada actividad bajo el cielo. Un tiempo para nacer y un tiempo para morir. Un tiempo para sembrar y un tiempo para cosechar. Un tiempo para matar y un tiempo para sanar. Un tiempo para derribar y un tiempo para construir.*

—Eclesiastés 3:1-3

1

LA VIDA CAMBIA

Hace años atrás, me encontré enfrentando inmensos cambios en mi vida. Luchas financieras. Mi carrera profesional parecía frenar de repente. La pérdida de mi casa y de mi oficina. La muerte de mi papá. ¡Todo ello en una sucesión parecida a lo que le sucedió a Job!

No me quedé sentada y me cubrí de cilicio y ceniza como hizo Job (véase Job 16:15). ¡No podía permitirme hacerlo! Tenía que tomar algunas decisiones radicales para mantenerme por encima de las circunstancias. El lujo de sentir lástima de mí misma no existía. Tenía que averiguar cómo hacer que la vida funcionara, pero la pregunta era dónde comenzar. Poner un pie delante del otro me tomó más energía que nunca, ¡pero tenía que seguir moviéndome! Tenía que mantener viva la esperanza. El fracaso no era una opción.

Es inevitable. *Todo cambia*. ¿Por qué? Porque el crecimiento demanda cambio. No puede suceder nada más grande si no somos impulsados por movimientos y cambios en nuestro alrededor y también en nuestro interior. Dios sabe que es una tendencia humana revolcarnos en la complacencia si se nos deja que nos las arreglemos solos. Incluso cuando no nos gusta nuestra vida, el diablo que conocemos es mejor que el que no conocemos. Encontramos excusas para quedarnos en el *statu quo* e intentar conducirlo en un barco que se hunde.

Si eres sincero, has estado antes en ese lugar, pero con diferentes personajes y circunstancias.

Pensamos erróneamente que estamos solos en nuestra situación y que el lugar donde nos encontramos durará para siempre, ya sea bueno o malo. Ninguna de esas condiciones es infrecuente o permanente para nadie. Tanto la afluencia como la carencia atraviesan cambios y temporadas de altibajos. El mercado bursátil es prueba de eso. Al alza y a la baja, y se vuelve a repetir. ¡Ojalá pudiéramos incorporar el principio de comprar a la baja y vender al alza en cada aspecto de la vida! Inevitablemente, lo que sube debe bajar, y lo que baja solamente puede llegar hasta cierto punto antes de hacer el ajuste para volver a subir.

Es ahí donde interviene la fe. Temor y fe son divisas que comprarán nuestros resultados. ¡Ambos son sistemas de creencia! Ambos producen aquello en lo que decidimos enfocarnos. Por lo tanto, ¿con cuál de ellos decidirás operar? ¿Temor a que todo haya terminado para ti, o fe en que este revés es meramente una preparación para un regreso extraordinario? La divisa que escojas, ya sea temor o fe, determinará cómo empleas tu tiempo y energía. ¿Estarás distraído o decidido? Cualquiera de las opciones decidirá tus emociones, actitudes, creencias, lenguaje y acciones. Tus emociones tendrán todo que ver con lo que decidas creer basándote en los pensamientos que generaron tus sentimientos. Cuando hayas resuelto estar de acuerdo con tus emociones, tomarás decisiones que conducen a acciones, ya sean positivas o negativas. ¡Esas acciones tienen todo que ver con tu resultado!

RECONOCE LA TEMPORADA

El mayor error que alguien puede cometer es suponer que las cosas no cambiarán. Es fácil creer eso cuando estamos en un estado de euforia debido al logro, cuando las cosas van viento en popa. Pero muchas estrellas de un solo éxito han descubierto la dolorosa verdad de que la vida y el público son muy variables.

Cuando yo trabajaba en publicidad, uno de nuestros mantras era: "Eres tan grande como tu último anuncio".

Por lo tanto, existe una necesidad de reconocimiento constante de los tiempos y la flexibilidad para realizar los ajustes necesarios para seguir siendo relevante. Cuando se domina eso, tus postreros días ciertamente pueden ser mayores que los primeros debido a las mejoras constantes que haces en tu vida, tu profesión, tus relaciones, ¡y todo lo perteneciente a cada área de tu vida!

Anteriormente mencioné la incomodidad divina. Esa es una de las primeras señales de que el cambio está en el aire. Recuerdo el día y la hora en que pensé para mí, en medio de una próspera carrera profesional en publicidad, que tenía que haber algo más. Sí, la pasaba muy bien volando a Nueva York y Los Ángeles, codeándome con los mayores creativos y celebridades en ese campo, y teniendo acceso a todos los eventos sofisticados y glamorosos a los que me invitaban en el negocio. Yo era directora artística, editora y productora de primera. *La chica de oro*. Sin embargo, faltaba algo... tenía que haber algo más en la vida que diseñar anuncios que provocaran a la gente sed de una Coca-Cola, hambre de una Big Mac, o deseo de tener un Mustang. Algo más... Pero ¿qué era? ¿Tendría yo la valentía de dar el paso y probar algo nuevo? ¿Qué sería lo *próximo*?

Tengo que admitir que me sentía bastante cómoda (aunque aburrida) en mi carrera en ese momento. Literalmente ya había estado ahí, ya había hecho eso. Había estado en todas partes, lo había hecho todo y había conocido todo el mundo; sin embargo, no tenía la valentía de dar el paso a lo desconocido para descubrir lo que realmente haría cantar a mi corazón. ¿Por qué? ¡Porque en realidad no sabía lo que era eso! Tenía indicaciones, pero nada concreto. Nada que pudiera agarrar con fuerza y decir: "¡Sí! ¡Esto es lo que quiero hacer con mi vida!". La pequeña pepita de un sueño estaba ahí, pero se me escapaba el modo de poder ganar dinero y mantener mi estilo de vida presente. Esas cosas me mantenían arraigada a ese lugar. Estaba demasiado paralizada para avanzar. Seguía convenciéndome de estar contenta donde estaba. Después de todo, yo era la envidia de muchos. La evidencia de la batalla en mi interior no era obvia para ellos, pero el pequeño susurro era una voz cada vez más fuerte.

Entonces sucedió. ¡Me despidieron! ¡Sí, fui despedida! De nuevo, me inundó una mezcla de emociones. Estaba asustada porque mis primeros pensamientos fueron sobre cómo me afectaría financiera y profesionalmente. Entonces sentí alivio, porque tal vez ahora podría perseguir esos sueños… fueran cuales fueran. Mi jefa me dijo lo mismo.

"Michelle, teníamos que tomar la decisión de a quién despedir y te escogimos a ti, porque yo sentí que eras la que tenía mayor probabilidad de tener éxito si te despedíamos".

¡Vaya!

"Sé que tienes otros sueños —continuó ella—; pero te has vuelto cómoda y satisfecha, y nunca harás nada diferente mientras sigas aquí, de modo que voy a sacarte del nido para que puedas comenzar a volar".

Algunas personas me dijeron que fue el despido más hermoso en la historia de… bueno, de los despidos.

¿Estaba yo molesta o descontenta? No, había sentido que aquello llegaría. No que iba a ser despedida, exactamente, pero sin duda que avanzaría. Incluso había soñado con ello a todo color, ¡hasta el detalle de cómo vestía una de mis mejores amigas cuando salí de su oficina! Irónicamente, les había hablado de ese sueño varios días antes de que me despidieran, y todos colectivamente rechazaron con desprecio la idea de que alguna vez pudieran despedirme, porque yo era muy buena en lo que hacía. Sin embargo, la sensación de que iba a ocurrir lo inevitable eran tan fuerte ¡que comencé a recoger las cosas de mi oficina y llevarme a casa algunos objetos escogidos! Cuando mis compañeros de trabajo me preguntaron al respecto, simplemente dije que sentía la necesidad de limpiar y ordenar mi oficina y organizar mejor mi espacio. Imagina su asombro cuando anuncié que lo que yo había sentido se había hecho realidad.

¿Me puse en acción enseguida y perseguí mi sueño? ¡Desde luego que no! Seamos sinceros: aunque muchos de nosotros anhelamos el cambio, nos aferramos a lo familiar. Por lo tanto, ya lo adivinaste: lo primero que hice fue encontrar otro empleo igual que el que tenía antes de que me apartaran.

Uso el verbo "apartar" porque creo que el universo escuchó mi corazón y no mi cabeza. Sí, la vida creará circunstancias para colocarte en consonancia con el motivo por el cual fuiste creado, ¡aparentemente sin tu ayuda! Lo que tú ves como el final es meramente un desvío en el mapa de Dios. Es el camino hacia lo *próximo*.

FUERA DE LA ZONA DE CONFORT

Como Jonás cuando estaba en el vientre del pez, yo había sido escupida de mi zona de confort para que pudiera completar mi tarea divina. Sin embargo, estaba unida a mis ideas convencionales de cómo hacer que eso sucediera. Después de todo, yo creía que no debería sentirse como algo ajeno o requerir medidas extra. Quería que mi transición resultará cómoda.

La palabra *cómoda* es bastante ilustrativa. Tenemos tendencia a sentarnos a una mesa que no altere nuestra comodidad, incluso si no nos gusta lo que están sirviendo. Por lo tanto, añadimos aderezos e intentamos cambiar el sabor de lo que estamos comiendo.

Preferimos ajustes mínimos antes que saltos de fe. Necesidades pasadas y emergencias presentes pueden hacer que racionalicemos el encontrar otro modo de ganarnos la vida de la misma manera. Es ahí donde podemos encontrarnos atascados, aunque nos espere una vida más emocionante.

Para ser totalmente sincera, mi preocupación acerca de mi futuro financiero causó un cortocircuito en mis sueños de un futuro en el cual escribiría libros y me convertiría en una autora consumada. ¿Y si eso no sucedía? ¿Cuán rápidamente podría obtener ingresos? ¿Qué sería lo *próximo* después de eso? Mi falta de claridad hizo que me aferrara a lo familiar. Y fue entonces cuando me quedé atascada durante una temporada.

¿Me entiendes?

Hecho. Existe una tensión entre quienes éramos antes y quienes llegamos a ser porque la vida nos empuja a ello. Lo poco familiar desafía a lo familiar, y nos quedamos de pie en el medio, ¡intentando decidir nuestra preferencia, aunque puede que no tengamos opciones!

La vida puede volverse complicada e impaciente cuando llega el momento de cambiar. ¿Cómo puedes saber que está cambiando la temporada? Es sencillo. Cierran los viejos caminos. No podemos llegar a las mismas personas. La vieja manera de hacer las cosas ya no funciona. La vida tal como la conocías ya no es sostenible, alcanzable o deseable. Puedes golpear tu cabeza contra una pared implacable, insistiendo en que la vida tiene que ir por ese camino cuando todas las indicaciones señalan a otro lugar, o puedes decidir reconocer que las hojas están cambiando de color. El paisaje de la vida ya no se ve de la misma manera. Todas estas cosas son claves para saber que es momento de un cambio.

CUANDO TODO CAMBIÓ

Toma el tiempo para considerar dónde estás y qué está sucediendo o no está sucediendo en tu vida en este momento. Evalúa lo que deseas y tu realidad presente.

CAMBIO DE MENTALIDAD

- ¿Cómo evaluarías tu temporada?
- ¿Qué evita que hagas algo nuevo?
- ¿Cuáles son tus opciones?
- ¿Cómo sacarás el máximo rendimiento a lo que está por llegar?

EN RETROSPECTIVA

Muchos no están preparados para la siguiente estación y temporada porque no anticiparon que ocurriría nada diferente. Muchos se comen todas sus cosechas en el otoño, sin prepararse para el invierno. Debes estar siempre preparado para lo *próximo,* no por temor sino por sentido práctico. Incluso la naturaleza guarda para el invierno, de modo que pueda soportar el frío cómodamente.

Plantéate la siguiente pregunta: si el dinero no fuera un problema para ti, ¿qué estarías haciendo en este momento?

LA PRÓXIMA ORACIÓN

> *Aun la cigüeña en el cielo conoce sus* ***estaciones;*** *la tórtola, la golondrina y la grulla saben cuándo deben emigrar. Pero mi pueblo no conoce las exigencias del Señor.*
>
> (Jeremías 8:7, NVI)

Amado Padre celestial, batallo con la estación en la que estoy. Confieso que el temor me ha abrumado y me ha cegado a mis opciones, y también ha ahogado tu voz. Batallo para encontrar mi punto de apoyo. Titubeo entre confiar en ti y tomar la vida en mis propias manos. Confieso que no estaba preparado para lo que ha sucedido, y te pido perdón por mi falta de previsión. Necesito saber cuáles son tus requisitos y también tus instrucciones para esta temporada. Estoy buscando tu sabiduría y también tu seguridad de que lograré superar este reto. No soy capaz de comprender y solucionar esto. Necesito tu luz. Necesito tu fortaleza. Enséñame tus caminos y aumenta mi entendimiento. Ayúdame a oír tu voz. Dirígeme y guíame. Extiendo mis manos a ti y espero tu palabra, en el nombre de Jesucristo. Amén.

¿Qué crees que el Señor requiere de ti en este momento?

____

____

____

____

¿Qué ha causado que dudes en tomar los pasos necesarios para avanzar?

____

____

____

____

Escribe tu confesión de fe a continuación:

____

____

____

____

2

LEVÁNTATE

Había un hombre que se encontraba paralizado en una situación difícil, ¡que duró treinta y ocho años! (véase Juan 5:2-15). Treinta y ocho años es mucho tiempo para estar atascado en una posición. Tendríamos que preguntarnos qué causó tal complacencia para que se conformara con estar en un espacio tan miserable. Hubo ventanas de oportunidad para que cambiara su condición y, sin embargo, perdió esas oportunidades y culpó de su situación actual a la falta de ayuda para mejorar su posición. Parece que había perdido toda esperanza y no veía modo alguno de salir de ese apuro. Decidió que esa era su suerte en la vida, así que ¿por qué no acostumbrarse a ella? En ese momento, todos los instintos de supervivencia disminuyeron hasta quedar reducidos a un estado de apatía y resignación.

Sin embargo, fue necesaria una sola voz, un mandato, para desencadenar algo en este hombre que hizo que se elevara por encima de su parálisis y fuera movilizado para cambiar sus circunstancias. Esta voz de la razón no aceptaba excusas ni autocompasión; en cambio, alentó a este hombre a controlar su estado y no dejar lugar a las concesiones. *Levántate... —le dijo Jesús* (Juan 5:8, NVI). Y después le dijo al hombre que recogiera la camilla donde había estado tumbado para que no fuera tentado a regresar a su postura anterior, ya sea mental o físicamente.

Ese hombre representa todas las excusas que nosotros ponemos en la vida para quedarnos en la misma posición, haciendo lo mismo, estando con las mismas personas que no nos benefician ni nos hacen avanzar en lo mental, en lo espiritual, ni en lo físico y, sí, tampoco financieramente. Nuestra mente juega con nosotros. Quiere cambio y, sin embargo, tiene temor a lo que deberá implementarse a fin de que ese cambio se produzca. Cuestiona si tenemos la capacidad de hacer lo que sea necesario y le inquieta cómo serán recibidos nuestros intentos. Se preocupa por el futuro, repite el pasado y se queja del presente.

Por lo tanto, no sugiero que escuches a tu corazón. Es voluble y engañoso, en el mejor de los casos. Hará que mires directamente a la cara a la bendición… y entonces que mires más allá de ella porque tus ojos prefieren quedarse enfocados en algo que está fuera de tu alcance para justificar tu frustración.

Durante la pandemia, muchos se impacientaron bajo el peso del "Gran Encierro", como yo lo llamaba. Se quejaban de la falta de actividad ¡y de estar encerrados en sus casas con personas que descubrían rápidamente que no les gustaban! Anhelaban la libertad de movimiento, socializar, ir de compras, hacer negocios, y disfrutar de los aspectos normales de la vida.

En el lado contrario a eso, otros se volvieron muy creativos, inventando nuevas maneras de comunicarse y hacer negocios, ¡que causaron que se desarrollaran y prosperaran durante un periodo de inmovilidad! Una empresa latente llamada Zoom hizo literalmente *zoom* (perdón por el juego de palabras) hasta la primera línea del mundo en general cuando muchos descubrieron un nuevo modo de interactuar y, sí, incluso de promocionar su profesión hasta obtener una rentabilidad más alta que antes.

Cuando iglesias pasaron al mundo virtual mediante las redes sociales, descubrieron que había muchas más personas que asistían en línea que a sus edificios físicos, y aumentaron las ofrendas; ¡se oyó decir a algunos pastores que no necesitaban regresar a la iglesia! Aunque extrañaban el compañerismo, estaban logrando un mayor alcance de manera electrónica.

¿Cuál fue la diferencia entre quienes se encontraban muriendo sin dar frutos mientras se sentían encarcelados versus quienes estaban prosperando en medio de una "hambruna"? Su mentalidad. Quienes escogieron examinar todas las opciones y aprovecharlas, prosperaron. Decidieron ver el paisaje del desierto que tenían delante como un jardín con oportunidades innumerables para dar fruto. Tuvieron la audacia de decir: "Gracias, COVID-19, ¡no podría haber hecho esto sin ti!". Quienes se atrevieron a pensar fuera del molde dieron en el blanco y extendieron sus horizontes, mientras que otros se rindieron a sus cadenas percibidas y sufrieron.

Hecho. Las personas se atascan. Hay varias cosas que contribuyen a eso, incluyendo dónde estamos, la autopercepción, y las otras voces que permitimos que influyan en nuestros procesos de pensamiento. Nos quedamos atascados en una fórmula para hacer las cosas y, cuando eso no funciona, no vemos más allá.

LA LLAMADA DE ATENCIÓN

Para mí, la COVID-19 fue una llamada de atención para que me reinventara. Tras llegar a Londres, el día antes de que comenzara el gran encierro descubrí que no podía regresar a mi casa porque las fronteras de Ghana estaban cerradas hasta nuevo aviso; ¡alrededor de unos siete meses! Mientras estaba en Londres, muy lejos de casa, sin tener nada más en las puntas de mis dedos que una familia acogedora, una casa hermosa, un perro adorable, la gloriosa campiña inglesa y mi computadora, habría sido fácil languidecer y no hacer absolutamente nada. Confieso que hice precisamente eso por varias semanas y disfruté cada momento. Irónicamente, había orado y le dije a Dios que necesitaba por lo menos dos semanas para no hacer absolutamente nada porque estaba agotada, vacía y casi sin fuerzas, sintiendo que no me quedaba nada para dar. Di la bienvenida a ese tiempo de renovación, relajación y restauración. También sabía que había solamente cierto tiempo para no hacer nada. Algo tenía que comenzar... pero ¿qué?

Podría haber utilizado mil excusas para seguir languideciendo en la nada. Necesitaba estar en mi oficina para hacer algo. Mi equipo estaba muy lejos. No tenía conferencias que dar. ¡Bla, bla, bla! Todo lo que podría haber sido un problema presentaba una nueva oportunidad para encontrar una solución innovadora.

"¿Por qué no intentamos una de esas videoconferencias de las que hemos conversado siempre?", sugirió Tega, mi otra mamá.

"Está bien —decidí—, ¿qué tenemos que perder?".

Resultó que teníamos todo que ganar cuando cientos de personas se conectaron desde todo el mundo cuando se lanzó *MMH Hangout*. Me convertí en el conducto para que cientos de mujeres y unos pocos hombres afortunados se conocieran y conectaran, formaran nuevas amistades, establecieran contactos en un lugar seguro, y escucharan a invitados extraordinarios que compartían sus claves para vivir, amar y superar cosas. Se formaron muchas conexiones estupendas, y una red de personas cada vez más grande se reunía y eran empoderadas para vivir las vidas que soñaban. Se convirtió en un lugar de seguridad, comodidad y celebración que continúa hasta ahora.

¡Descubrí que tenía el mundo en las puntas de mis dedos desde el lujo de mi propio cuarto! ¿Habría creado alguna vez ese centro de reunión si no hubiera estado restringida a una ubicación? Probablemente no. Habíamos conversado sobre ello, pero nunca antes lo hicimos porque... ¿Por qué? Simplemente porque yo estaba demasiado ocupada haciendo todas las otras cosas a las que estaba acostumbrada; sin embargo, ahora que ya no podía operar a mi capacidad usual, la necesidad se convirtió en la mamá de la ciencia, de nuevas invenciones, como *MMH Hangout*, programas de estudio para cursos en línea, y grabación de audiolibros. Incluso tomé cursos en línea, amplié mi base de conocimiento y conseguí mi certificación de *coaching*. De repente, estaba más ocupada de lo que había estado cuando tenía libertad de movimiento.

Hay periodos en los que no nos damos cuenta de que nuestra libertad puede ser la peor distracción y obstáculo para la verdadera productividad. El confinamiento hizo que me enfocara.

Igual que el paralítico en el estanque de Betesda al que hice referencia antes en el Evangelio de Juan, mi libro favorito de la Biblia, yo podría haber estado paralizada y en pánico por cómo iba a trabajar y ganarme la vida. En cambio, mi mente cambió de pensar: "Tengo que quedarme en la casa", a pensar: "¡*Puedo* quedarme en la casa!". Mi mentalidad marcó una gran diferencia. De repente, ¡ya no estaba confinada! *Poder* versus *tener que* abrió un mundo de posibilidades para mí. Podía aprovechar mi situación en lugar de ser dominada por ella.

SIN EXCUSAS

Reconocer la temporada en la que estaba y librarme de las excusas fue fundamental en ese periodo de tiempo. Tal vez Dios estaba usando ese tiempo para extenderme más allá de los límites que yo misma me había impuesto; para estirarme más allá de mi zona de confort, hacerme crecer para que diera más fruto y fuera eficaz. Tomé tiempo para acallar mi espíritu y apartarme de todas las especulaciones y teorías de la conspiración en redes sociales para discernir lo que sucedía en realidad. ¿Qué se podía cosechar del lugar donde yo estaba? Yo no creo en actuar "bajo las circunstancias". Prefiero buscar maneras de triunfar a pesar de ellas. Es aquí donde quiero que reajustes tu mentalidad. No eres una víctima; ¡eres un vencedor! ¿Qué tienes para trabajar con ello? Yo tenía una computadora. Puede que tú solo tengas una voz, un martillo, pluma y papel, una idea... sea lo que sea, es la semilla de algo grande.

Hecho. La única diferencia entre alguien que tiene una idea y alguien que toma esa idea y tiene éxito es que el segundo decidió hacer algo con lo que tenía. ¡Encontró un modo de hacerlo funcionar! Hacer que funcione implica mejorar las vidas de otras personas a la vez que tú mismo prosperas, no solo monetariamente sino también emocional, mental, física y espiritualmente.

Hay diferentes maneras en que nos quedamos atascados: desde el aspecto físico, aun en lo geográfico y lo relacional, así como en lo mental, lo emocional, e incluso hasta lo espiritual. En realidad, un área puede conducir a la otra si no tenemos cuidado. Hace muchos años atrás me golpeó un auto. Al ser alguien que nunca deja de moverse, quedé horrorizada al encontrarme incapacitada por más de un año. Tres cirugías, interminables sesiones de terapia física, y tener que aprender a caminar de nuevo fue una experiencia abrumadora y agotadora. Al estar tumbada en la cama con mi rodilla envuelta y unida a una máquina que no dejaba de moverse constantemente para evitar el desarrollo de queloides y tejido blando en exceso, podría haberme dado por vencida y ser tan disfuncional como me sentía; sin embargo, tenía amigos (amigos bastante tercos) que tenían un montón de sugerencias sobre qué debería hacer con mi vida y la *oportunidad* que me daba mi mala fortuna.

Me preguntaban: "¿Qué crees que Dios te está diciendo sobre lo que deberías hacer?". Y yo respondía: "No tengo la más mínima idea. Pásame el Tylenol, por favor". Ellos no eran disuadidos por mi dolor o mi estado mental. No dejaban de incidir en mi caso hasta que una de mis amigas me dijo: "¿Y ese libro que comenzaste a escribir hace unos años atrás? Ahora sería el momento de terminarlo mientras no puedes moverte". Vaya... esa fue una manera linda de expresar el estado en que estaba. Ella no solo sugirió eso, sino que también lo respaldó presentándose en mi casa varios domingos en la tarde para redactar borradores y enviar propuestas a varias publicadoras, mientras yo me apoyaba en mi cama para terminar de escribir el libro en mi computadora.

El resto es historia. Cuando me gradué de poder andar con muletas, me reuní con un editor de adquisiciones de una publicadora muy grande. Ahora, cuarenta y dos libros después, sigo estando de pie para contar la historia. ¿Qué sucedió? Se puso en marcha el poder de mi red de contactos. Si es cierto que "las malas compañías corrompen las buenas costumbres", también es cierto que "tu red de contactos puede afectar tu valor neto".

LA COMPAÑÍA DE LA QUE TE RODEAS

La compañía de la que te rodeas puede tener una profunda influencia en tu vida y en las decisiones que tomas. Hay un motivo por el cual las personas ricas se rodean de otras personas ricas. Juntos, se hacen más ricos a medida que se influencian los unos a los otros con información, estrategias, y claves para obtener más riqueza. A la desgracia le encanta tener compañía, y no hay nada como revolverse en la autocompasión; pero no saldrá nada de eso, sino una sensación de fracaso todavía más grande.

La importancia de obtener sabiduría se cita varias veces en el libro de Proverbios, que ilustra a dos personajes: *sabiduría* y *necedad*. Es interesante que ambas tienen el mismo acceso a ti, y su invitación a ponerte en consonancia con ellas es también la misma. Sin embargo, responder a una o a la otra produce resultados totalmente diferentes. La invitación de la *sabiduría* conduce a la vida, mientras que la invitación de la *necedad* conduce a una muerte que no siempre es física. También puede ser espiritual, emocional, mental, relacional, profesional, financiera y de muchos otros tipos. Algo muere o florece siempre que tomamos decisiones. Por eso debemos discernir acerca de cuáles son nuestros alineamientos e influencias.

El paralítico que pasaba los días tumbado al lado del estanque en Juan 5 no estaba allí solo. Estaba rodeado por amigos como él mismo que tenían diversas enfermedades físicas: eran ciegos, cojos y estaban inmóviles. Había un consenso entre ellos de que se quedarían en ese estado para siempre. Solamente el que se atrevía a aprovechar el momento cuando las míticas aguas sanadoras eran removidas, era vigorizado y sanado; sin embargo, la resignación desempeñaba un papel vital a la hora de detener incluso el esfuerzo para recibir sanidad.

Te aliento a que examines tus amistades, tus círculos internos y tus alineaciones. Se ha demostrado científicamente que nuestra vida se verá como la de nuestros tres amigos más cercanos. ¡Vaya! ¿Cómo se ve eso en tu caso?

¿De qué conversaciones te estás alimentando? Igual que la comida, consumes tus palabras y las palabras de otros, se convierten en parte de tu sistema y afectan tu salud mental, así como la física.

Vivimos de palabras con las que alimentamos nuestro espíritu y nuestra mente. Cada palabra que oímos la digerimos, y esto regula nuestros pensamientos, actitudes, creencias, y finalmente nuestras palabras, decisiones y acciones. El lenguaje es muy poderoso; hace que existan cosas mediante las palabras: vida o muerte, alegría o tristeza, fortaleza o debilidad, productividad o estancamiento… ¡Tú eres quien escoge!

Hecho. No es solamente lo que comes; también eres como la compañía de la que te rodeas. Las cosas que permites que te lleven hacia la parálisis y que evitan que aceptes tu cambio, deben ser desterradas.

Como mencioné anteriormente, fue necesaria solamente una voz que atravesara todas las otras voces que este hombre en el estanque de Betesda había estado escuchando para que algo diferente ocurriera en su vida. Una voz atravesó las excusas. Una voz silenció todas las conclusiones incorrectas. En lo profundo de tu ser, sabes para que fuiste creado; sabes que eres más grande que tu *limitación aparente*. Solamente se necesita una voz que resuene con la verdad en tu interior para darte la valentía de *elevarte* a la altura de la ocasión.

TÚ ERES TUS PENSAMIENTOS

Ese paralítico tuvo todo el tiempo la capacidad de ponerse de pie. No tenía que hacer lo que los demás pensaban que necesitaba hacer para caminar. Tenía que escuchar el consejo correcto.

Las voces que te rodean pueden apagarte, incluso si tienen buenas intenciones. Te darán munición para tus excusas y cambiarán tu fe por temor y duda. Todo es cuestión de mentalidad; la mentalidad que se genera del lenguaje y las confesiones erróneas. Las cosas que te repites a ti mismo una y otra vez en tu subconsciente pueden hacer guerra contra tu mente consciente y ganar la batalla si lo permites. Se dice que nuestra mente subconsciente controla el 95 por ciento de nuestra vida. Y, sin embargo, el subconsciente puede volver a alinearse y diseñarse para que esté de acuerdo con nuestro espíritu, que tiene la capacidad ilimitada no solo de soñar, sino también de empoderarnos para lograr lo que visualizamos.

La mente subconsciente hace algo más que soñar; también está despierta en todo momento porque controla todos los procesos y funciones vitales del cuerpo. Mientras la mente consciente duerme, la mente subconsciente sigue plenamente despierta, oyendo y procesando cosas mientras dormimos. La mente subconsciente opera con el hábito y toma todo literalmente.

¿Sabías que la mente subconsciente no puede diferenciar entre pensamientos negativos y positivos? No es subjetiva; no puede razonar ni pensar independientemente. Solo obedece órdenes. Recibe sus órdenes de la mente consciente. En otras palabras, ¡puedes tener lo que piensas y declaras! Por eso, en la Biblia, Dios habla tanto sobre controlar nuestros pensamientos y dirigir nuestros pensamientos (véase, por ejemplo, Romanos 12:2; Filipenses 4:8).

Otra cosa fascinante acerca del subconsciente es que solo piensa en el presente. La mente consciente piensa en el pasado y se preocupa por el futuro, pero el subconsciente solo puede enfocarse en el momento presente. La mente subconsciente es como una computadora que procesa grandes cantidades de información mediante los sentidos y nos la presenta de nuevo en un segundo. No analiza; se enfoca en la emoción versus la lógica y la razón. Por lo tanto, no se puede confiar en las emociones. Las cosas no son siempre lo que parecen.

¿Por qué comparto contigo todo esto? Porque quiero que comprendas cuán fundamental es tu mentalidad para hacerte camino por los cambios en la vida. Basándote en tus pensamientos, actitudes y emociones, el resultado que obtengas puede variar desde ser asombroso a ser devastador. La decisión es tuya. De nuevo, eres tú quien escoge la voz que escucha y las acciones que seguirán después. Cómo termine tu historia es tu decisión.

Al igual que una niña pequeña que se resiste a la reprimenda de su papá que le dice que tome asiento y, después de ser obligada a hacerlo, declara con valentía: "Puedo estar sentada, pero en mi corazón estoy de pie", tú también necesitas estar de pie en tu interior. Elévate hasta la plenitud del potencial que Dios te dio, y produce aquello que ya está dentro de ti.

Es significativo que al paralítico que estaba en el estanque de Betesda le dijeron no solo que se levantara, sino también que tomara su camilla y caminara, que diera seguimiento al cambio de mentalidad y se librara de todo lo que se acomodaba a su estado anterior. ¿Alguna vez te has levantado de la cama y has sido tentado a volver a tumbarte en ella? Muchas veces, incluso nuestro sufrimiento se vuelve cómodo para nosotros. En muchos casos, la situación que aborrecemos se vuelve *normal* para nosotros hasta el punto en el que nos encontramos anhelando precisamente lo que aborrecemos simplemente porque nos resulta familiar y lo sentimos más seguro que lo desconocido. Nos sentimos mal equipados para comenzar a perseguir nuestros sueños; sin embargo, lo único que tenemos que hacer es comenzar. El mejor modo de llegar a lo *próximo* es comenzar donde estás, con lo que tienes, y sin importar cuán insignificante pueda parecer. No tienes que esperar a que nadie te ayude. Comienza hablándote a ti mismo. Comienza reuniendo tu fuerza de voluntad y fortaleciéndote en tu interior. Comienza creyendo en la fuerza que obra en ti y que compensa todas tus deficiencias. ¡Puedes hacer eso! Simplemente comienza con lo que tienes.

EXAMINA TUS OPCIONES

Me encanta la historia bíblica de Moisés cuando recibió instrucciones de parte de Dios antes de liderar a los hijos de Israel y sacarlos de Egipto. Cuando Dios le preguntó qué era lo que tenía en su mano, Moisés solamente veía un cayado de pastor. Dios le dijo que lo arrojara al suelo, y se convirtió en una serpiente (véase Éxodo 4:2-4). A veces tienes que arrojar al suelo esa *nada* a fin de que se convierta en *algo*. Suéltalo. Deja de insistir en lo que es y en su propósito. Piensa fuera del molde. Mira las opciones infinitas que tienes delante de ti, las posibilidades que nunca consideraste. Aarón, el hermano de Moisés, arrojó al suelo su vara, la cual se convirtió en una serpiente poderosa ¡que devoró todas las varas de los magos del Faraón! (véase Éxodo 7:10-12). Moisés no vio llegar eso, pero fueron revelados el plan y el poder de Dios. Aarón y él descubrieron que tenían la capacidad de hacer cosas mayores de las que pensaban que podían hacer.

¿Qué tienes en tu mano?

¿Y qué de la viuda que estaba al borde de la ruina económica, a punto de que se llevaran a sus hijos como esclavos para pagar sus deudas? (véase 2 Reyes 4:1-7). El profeta Eliseo le animó a que reuniera todas las jarras vacías que pudiera, cerrara la puerta, y comenzara a verter el poco aceite que tenía en las jarras vacías. El aceite no dejó de fluir, ¡hasta que se quedó sin jarras! Apuesto a que desearía haber podido encontrar otra jarra, otra vasija, u otra cosa; lo que fuera para que el aceite siguiera fluyendo y así pudiera tener suficiente para vender y experimentar abundancia económica.

¿Tienes tú la capacidad de ser bendecido del modo en que Dios quiere bendecirte? ¿Te estás preparando y haciendo espacio en tu vida para lo *próximo* más grande? ¿Estás dispuesto a aislarte para aumentar tu capacidad de rebosar literalmente en tus ofrendas? Dios no desperdicia nada, de modo que cuánto seas bendecido depende de ti, de cómo te prepares, y de cuánto espacio hagas. ¿Cuán dispuesto estás a dejar saber tus necesidades a quienes pueden ayudarte? ¿Cuán confiado estás para verter lo que tienes para enriquecerte a ti mismo a todos los niveles?

CUANDO TODO CAMBIÓ

Es un momento crítico para examinar tu círculo, tus influencias, y las cosas que confiesas aleatoriamente acerca de tu situación. Es imperativo adoptar una postura agresiva contra la negatividad y las creencias limitantes. Puede que necesites establecer nuevos límites.

CAMBIO DE MENTALIDAD

- ¿Quién está en tu círculo?
- ¿Qué están diciendo acerca de tu situación?
- ¿Qué excusas pones para tu falta de acción?
- ¿Qué tienes miedo a liberar?
- ¿Qué creencias limitantes están dificultando que avances?

EN RETROSPECTIVA

Somos lo que comemos, y las personas con quienes nos relacionamos. ¿Qué estás ingiriendo tanto audible como visualmente? Las conversaciones alimentan tu sistema y tus creencias, dejándote más fuerte o más débil, nutriéndote o agotándote, dependiendo de lo que estés asimilando. Palabras, experiencias e impresiones son lo que devuelves en forma de palabras que prenden la atmósfera que te rodea e invitan a tu espacio energía y ocurrencias positivas o negativas. ¡Es momento de cambiar tu dieta!

Plantéate la siguiente pregunta: ¿qué estás comiendo?

LA PRÓXIMA ORACIÓN

> *Él cambia los tiempos y las* ***épocas****, pone y depone reyes. A los sabios da sabiduría y a los inteligentes, discernimiento.*
>
> (Daniel 2:21, NVI)

Amado Padre celestial, confieso que he estado paralizado. He confiado en otras fuentes y he escuchado otras voces que solamente me confunden todavía más. He colocado mi confianza en todo excepto en ti; te pido perdón. He intentado hacerlo a mi propia manera y fracasé miserablemente, de modo que aquí estoy ahora. He permitido que la preocupación domine mis emociones, y no dejé ningún lugar para la fe. Ni siquiera sé cuánto me resigné a estar apático acerca de mi situación, pero comprendo que la voluntad para pelear me ha abandonado y he cedido a la opinión de otros pensando que esta sería mi suerte en la vida. Eso debe ser un gran insulto para ti. Por lo tanto, ahora te pido que me libres y me liberes de mi propia atadura autoimpuesta. Enséñame tus caminos; revela tus pensamientos hacia mí. Quiero descansar en la seguridad de que tú cuidas de mí y que todo lo que ahora enfrento obrará para bien en mi vida. Dame tu sabiduría y aumenta mi discernimiento. Ayúdame a no cometer los errores que cometí en el pasado. Estoy preparado para lo *próximo*. Guíame hasta allá, en el nombre de Cristo Jesús. Amén.

Escribe qué voces están evitando que pases a lo *próximo*.

____

____

____

____

¿Qué nueva confesión tendrás?

____

____

____

____

Escribe aquí tu confesión de fe:

____

____

____

____

3

ENFRENTA LOS HECHOS

El país estaba en confinamiento. Su líder, quien dirigió su éxodo desde un territorio hostil donde habían trabajado hacia una nueva tierra prometida que fluía libertad, leche y miel, estaba muerto (véase Deuteronomio 34). Aunque les habían dicho que Moisés no lograría entrar a la tierra prometida con ellos, la tristeza se mezclaba con confusión, paralizándolos y evitando que avanzaran. Nadie quería repetir los errores del pasado. El temor a lo desconocido también se cernía sobre el horizonte.

Años atrás, cuando Moisés se apartó de ellos para buscar dirección de Dios por cuarenta días, hubo muchas discusiones entre susurros acerca de lo que había sucedido. El pueblo se había impacientado; sintiéndose abandonado, sucumbió a sus temores. Sin saber dónde dirigir su fe, habían donado sus joyas para crear y erigir un becerro de oro al que adorar (véase Éxodo 32). Les había hecho sentirse anclados y seguros saber que un dios, sin importar que fuera inanimado, estaba en medio de ellos. Pero su seguridad duró muy poco. Cuando su líder había regresado, su enojo se desató cuando quebró las tablas que tenían instrucciones para el pueblo de parte del Dios verdadero. El caos que se produjo quedó grabado para siempre en sus memorias. El precio de su incredulidad les había costado mucho: se perdieron vidas. Los arrepentimientos de ese día sobrevivieron a su tristeza y sus temores.

No, no querían repetir ese error; sin embargo, ahora ¿qué? Esta vez, Moisés no regresaría. ¿Qué sucedería con todos sus planes? A medida que reflexionaban en el modo de avanzar, recordaron otro grave error que habían cometido en el pasado en su viaje hasta este lugar. Habían enviado espías para examinar la tierra que se les había prometido, y esos espías regresaron con un reporte que envolvió en temor a todo el campamento. Sí, la leche y miel prometidas estaban ahí. Sí, había uvas inmensas, granadas e higos; sin embargo, ¡también había gigantes en la tierra! (véase Números 13). ¿Por qué no había mencionado Dios a los gigantes? La duda se apoderó de su valentía y los dejó completamente incapaces de avanzar.

Dios había sido insultado. Después de todo lo que Él había hecho para demostrar su poder, desde separar las aguas del Mar Rojo hasta liberarlos de Faraón, aun así ellos no tenían fe. En su enojo decidió que, si no confiaban en Él, no podían seguir adelante. Esperaría hasta que se levantara una generación que tuviera la capacidad de dejar atrás los desafíos para reclamar la promesa.

¿Acaso no se les ocurrió que Dios no mencionó a los gigantes porque no eran ningún problema en su mente? Ellos ya habían recibido la tierra; tan solo tenían que avanzar para reclamarla. Su poca disposición a dejar atrás sus temores tuvo un costo muy alto. Se quedaron vagando sin dirección por cuarenta años. Ahora, una nueva generación que conocía su historia estaba a punto de reclamar lo que se había anunciado antes. Sin embargo, Moisés (el líder al que conocían y al que estaban acostumbrados) no estaba, y Josué ocupaba su lugar. De nuevo, el pueblo estaba a punto de finalizar el logro de lo que se había propuesto hacer. Estaban demasiado lejos para regresar al lugar de donde provenían, pero también demasiado inseguros acerca de cómo avanzar hacia el futuro. La pregunta resonaba por todo el campamento: ¿qué es lo *próximo*?

AVANZAR HACIA LO *PRÓXIMO*

El manto de liderazgo de Moisés había sido pasado a Josué. Se le había advertido de la inminente muerte de su mentor, pero todavía estaba bloqueado por este acontecimiento y no tenía muy claro cómo trazar su rumbo. Se sometió a estar tranquilo y callado, y obtener claridad. ¿Tendría el respeto y la confianza del pueblo? ¿Realmente tenía lo que era necesario para llevarlos donde ellos querían ir? A pesar de ser uno de los doce espías que fueron enviados a la tierra de Canaán, un general victorioso en la batalla de Israel contra sus enemigos despiadados, los amalecitas, y escogido por Dios para suceder a quien fue líder de Israel por tanto tiempo (véase Números 13:16; Éxodo 17:9-13 y Josué 1:1-2, respectivamente), Josué estaba lleno de dudas sobre sí mismo. Dios tuvo que decirle varias veces que fuera "*fuerte y valiente*" (Josué 1:6).

Tuvo que ser el propio Dios quien llamara al orden a Israel. Era el momento de enfrentar los hechos. Moisés estaba muerto, pero el sueño no lo estaba. Todavía había una promesa que reclamar. Nada había cambiado excepto que la persona que ellos pensaban que les ayudaría a alcanzar su meta ya no estaba. No es ser insensible, ¡pero todavía había una vida que vivir y una misión que cumplir! Era el momento de cambiar y seguir adelante con el programa.

El líder recién designado se adaptó y aceptó que ahora le correspondía a él dar un paso al frente y completar el viaje que habían comenzado. Dios le dijo:

> *Mi mandato es: "¡Sé fuerte y valiente! No tengas miedo ni te desanimes, porque el SEÑOR tu Dios está contigo dondequiera que vayas".* (Josué 1:9)

Con ese aliento, Josué se apresuró a hacerse cargo de la situación. Reunió a las tropas y les aseguró —igual que Dios le había asegurado a él— que podían hacerlo. Podían poseer lo que se les había prometido.

Sí, se habían cometido errores en el camino hacia la tierra prometida, pero no volverían a repetirse. Su líder anterior ya no estaba y no regresaría, pero esta vez, la nación no recurriría a dioses falsos como había hecho anteriormente, ni tampoco sucumbiría al temor y la confusión. Habían aprendido esa lección. Ahora, eran todo oídos para escuchar las instrucciones de Dios y las indicaciones de su nuevo líder.

¿Cuáles son los dioses falsos a los que tendemos a adorar en nuestra búsqueda de seguridad y confianza? Fórmulas, instituciones, tradiciones, cultura, hábitos generacionales y sí, incluso relaciones duraderas que no nos sirven de nada. Son como la ley. Palabras que matan y no dan vida.

Enviaron de nuevo espías a examinar el territorio que estaban a punto de tomar, pero esta vez las cosas eran diferentes. No había duda o temor. Esta vez, regresaron con un reporte positivo que dio valentía, coraje y determinación al pueblo (véase Josué 2). Ellos no sabían que las murallas serían derribadas, pero estaban preparados para hacer lo que tuvieran que hacer a fin de reclamar su tierra prometida. Surgieron las extrañas instrucciones de su líder, marchando alrededor de Jericó por siete días. El último día, los sacerdotes tocaron sus cuernos de carnero, y todo el mundo gritó con fuerza (véase Josué 6:1-20). El Señor les había dado instrucciones extrañas que tal vez nadie comprendía, ni siquiera su general intrépido. Sin embargo, funcionó. Algunas veces tenemos que hacer algo que no comprendemos para conseguir lo que queremos.

EL SALTO DE FE

Es así como actúa la fe. Puede que no sea capaz de descifrar la ciencia de todo ello. Tal vez no comprenda el misterio de cómo la vibración y el sonido pueden hacer que se venga abajo una obstrucción formidable que se interponía entre ellos y el territorio que llegaron para reclamar. Lo único necesario era su obediencia en tomar un riesgo, confiando en un resultado positivo. Esta vez creyeron el reporte de los espías. Esta vez harían lo que se les dijo sin quejarse. Esta vez olerían la victoria antes de probarla, y se atreverían a creer que podrían obtener los resultados que querían. Esto es lo que transforma los sueños en realidad.

Lo que parecía ser un acto peculiar, era más bien estratégico por parte de Dios. Espíritu y ciencia se fundieron para crear un resultado milagroso. Toda la nación de Israel marchando consistentemente alrededor de las murallas de Jericó durante siete días seguidos hizo presión sobre el suelo, que causó que cualquier cosa que no estuviera profundamente arraigada perdiera su punto de apoyo. Añadir la vibración de los gritos y del sonido de los cuernos de carnero fue el colmo para aquellas murallas.

¿Cómo se traduce esto de modo práctico para nosotros en la actualidad?

Algunas veces debes hacer algo inusual para que suceda algo diferente. En ocasiones tienes que aplicar presión a tu situación. ¡Debes crear consistencia en tus hábitos que quebrará el *statu quo* en tu vida! Tus palabras, tu nivel de alegría, y lo que grita tu sistema al mundo afecta literalmente la atmósfera que te rodea, sacudiendo la duda y las obstrucciones que impiden tu progreso, y quitando obstáculos de tu vida. Cualquier cosa que haya en tu camino tiene que moverse a medida que avanzas en confianza, consistentemente y sin temor.

Los habitantes de Jericó vivieron literalmente con temor por siete días mientras los israelitas marchaban alrededor de su ciudad. Eso cambió la atmósfera dentro de sus murallas para anticipar su derrota. Cuando las murallas se derrumbaron, no les quedaban ánimos para pelear. Fueron derrotados antes de que comenzara la batalla. ¡Algunas veces lo que temes también te tiene miedo a ti!

¿Qué hábitos estás practicando que agarran un impulso en tu vida que genera un resultado exitoso? ¿Cuál es tu actitud? ¿Anticipas la victoria? Los israelitas parecían ser un grupo variopinto que había atravesado muchas cosas; sin embargo, no permitieron que su pasado influenciara sus actitudes al avanzar. Estaban acostumbrados a ser esclavos y personas indefensas sin arraigo, pero estuvieron dispuestos a hacer lo necesario para graduarse y pasar a ser vencedores.

LAS LECCIONES QUE APRENDEMOS

Se ha dicho que quienes no reconocen su historia están destinados a repetirla. Sin embargo, esa misma historia puede robarte tu futuro si no se ve desde la perspectiva correcta. Seamos sinceros: todos cometemos errores, pero no es ahí donde radica el fracaso. Escoger no aprender de nuestros errores es lo que causa que nos falte entendimiento o también la práctica de discernimiento y sabiduría cuando vuelva a presentarse la oportunidad. Créeme: *volverá* otra vez. Tendrás otra oportunidad de pasar la prueba. Dios ha determinado ciertas cosas antes del inicio del tiempo, antes incluso de nuestra propia existencia.

Gracias a Dios porque el resultado del plan del reino de Dios y sus propósitos tiene mucho menos que ver con nosotros de lo que creemos o pensamos. Se repiten los ciclos hasta que son completados en consonancia plena con el diseño divino de Dios para el mundo y la humanidad. Sí, ¡su voluntad *se hará* a pesar de todos nosotros! Hay que enfrentar ciertos hechos si queremos alcanzar las cosas que causan un ritmo insistente en nuestros corazones. Yo lo denomino *deseo dado por Dios*. El deseo que Dios te da se convierte en tu deseo. Cuando nuestros corazones están de acuerdo y cooperamos con su plan, se desarrolla tal como debería: en el momento adecuado, en el lugar correcto, y con los jugadores apropiados en sus lugares.

Lo primero que necesitas comprender es que tus errores del pasado no son de ningún modo indicadores de tu futuro. Este es el primer paso para avanzar más allá de donde estás. De hecho, los errores y los fracasos albergan claves valiosas para el éxito. Sacan a la luz tus debilidades, las cosas que necesitas entregar; y también ayudan a redirigir tu enfoque.

Cuando aprendemos las lecciones de lo que ha sucedido, podemos crear nuevos hitos. Anteriores dificultades se convierten en estructuras para una aceleración asombrosa hacia alturas más elevadas.

Por lo tanto, comienza perdonándote a ti mismo. Enfrenta tu realidad y reconoce tu humanidad.

La realidad es que las cosas que hiciste en el pasado puede que no funcionen en el presente. El líder y el estilo de liderazgo de ayer tal vez no estén actualizados y ya no sean relevantes. Hay un motivo por el cual cambia la vieja guardia. A veces la persona o el método que te llevó hasta cierto punto tal vez no sea el que te sostendrá hasta completarlo. Puede que sea necesaria otra manera de hacer las cosas, otra persona con mayor perspectiva de lo *próximo* que hay que hacer para enfocar el cuadro general. Es ahí donde las empresas que fracasan tienden a ir hacia lo peor después de hacer muchas cosas bien. Su insistencia en ser inflexibles y no saber cuándo aceptar el cambio les roba éxito y relevancia.

Saber cuándo tomar un riesgo y volver a intentarlo es otra área en la que muchos se quedan cortos. Lo intentaste antes y fracasó, de modo que no lo volverás a intentar. Ah, pero ahora es una nueva temporada, y *esto* no es *aquello*.

Igual que la historia de los pescadores desalentados que habían estado pescando toda la noche sin capturar nada.

> *Cuando [Jesús] terminó de hablar, le dijo a Simón [Pedro]: —Ahora ve a las aguas más profundas y echa tus redes para pescar. —Maestro —respondió Simón—, hemos trabajado mucho durante toda la noche y no hemos pescado nada; pero si tú lo dices, echaré las redes nuevamente. Y esta vez las redes se llenaron de tantos peces ¡que comenzaron a romperse!*
>
> (Lucas 5:4-6)

Una voz que aquellos pescadores no reconocieron o consideraban calificada para aconsejarlos les dijo lo que tenían que hacer. A regañadientes, o tal vez solamente para seguirle la corriente y demostrar que su consejero desconocido estaba equivocado, lanzaron sus redes, las cuales casi se rompieron debido a la gran captura que habían obtenido. Comentarios desde una perspectiva diferente y un sencillo *cambio* en el momento adecuado marcaron toda la diferencia. Tan solo pensemos en lo que ellos nunca habrían experimentado, el beneficio que habrían perdido, si no hubieran estado abiertos, ¡si no hubieran tenido la flexibilidad y la capacidad para volver a intentarlo!

No te tomes la pérdida de modo personal. Está ahí para enseñarte y mostrarte lo que todavía no has aprendido, pero también para mostrarte lo que tienes a tu disposición. Una dirección incorrecta puede ser una redirección, si prestamos atención a las indicaciones. Cuando estás completando un laberinto sobre papel, si te encuentras con una pared, regresas atrás y pruebas un enfoque diferente hasta que consigues hacerte camino exitosamente desde el punto A hasta el punto Z. ¿Por qué no hacer lo mismo en la vida? Cometer un error no es una crítica a tu inteligencia. Es la puerta hacia un entendimiento y un logro más amplios si permites que te muestre lo que no viste antes.

Hecho. Los únicos gigantes por los que debemos preocuparnos son los que están dentro de nuestra mente. Esos obstáculos imaginarios hacen que el temor sea una realidad y nos roban nuestra victoria personal. Nosotros mismos nos convertimos en el mayor obstáculo para nuestro progreso. Las experiencias del pasado nos alimentan con información falsa acerca de nuestro futuro, evitando que avancemos. Solamente cuando decidamos aceptar el dolor y el fracaso, dominaremos nuestras vidas y encontraremos la libertad para vivir sin temor, tomando los riesgos que necesitamos tomar para llegar a lo *próximo*.

EL VALOR DE LOS ERRORES

En una ocasión, durante una lección de piano, me detenía constantemente cuando creía que me iba a equivocar. Finalmente, mi maestro me preguntó por qué hacía eso.

"Me estaba preparando para meter la pata", le dije yo.

"Y ¿qué? —dijo él—. Si te equivocas, aprenderás a hacerlo bien. ¡Nunca terminaremos la canción si sigues haciendo eso!".

A medida que avanzaba con audacia, me di cuenta de que cometía menos errores porque el temor se había ido. El permiso para fallar me liberó para intentarlo sin inhibición. El temor había creado una duda que no estaba justificada para el ejercicio. Mi titubeo se convirtió literalmente en una profecía autocumplida porque me preparaba para fallar, tal como yo anticipaba. Podemos interpretar la palabra temor de dos maneras: puede ser falsa evidencia que parece real, o fe existente contra el riesgo. En cualquiera de los casos, el temor no tiene lugar en el camino del progreso. Debes estar dispuesto a tomar un riesgo. Quienes se atreven a aceptar lo *próximo*, por lo general se encuentran aterrizando con bastante seguridad cuando se atreven a dar el salto.

En contra de todos sus recelos, aquellos pescadores que tuvieron un encuentro con Jesús escucharon el consejo de un extraño. Has de estar abierto a otras voces y al mismo tiempo discernir quién está hablando. ¿Están tus palabras llenas de amor, paz, empoderamiento y dirección sensata, o de temor, duda, enojo, dolor e indecisión? Es así como elevas y separas las muchas voces que oirás. Considera su fuente de procedencia y el efecto del consejo. Quienes se mueven por instinto (esa sensación interior) a veces pueden ser considerados un poco locos y, sin embargo, en lo profundo de todos nosotros hay un *conocimiento* que simplemente busca confirmación, reflejando lo que está ya en el interior. Dios es lo bastante bueno para enviar esa voz para guiarte. Lo sabrás cuando la oigas. Esa es la voz que debes seguir. Siempre conducirá a la vida y a un camino mejor.

Recordar por qué comenzaste el viaje en tu dirección presente en un principio te ayudará a completar tu misión sin importar qué obstáculos puedan desafiarte. Por el gozo puesto delante de ti. Esa debería ser motivación suficiente para soportar reveses y menospreciar las cosas que te distraen mientras mantienes el rumbo. Nunca te rindas, y nunca abandones. No–Vale–La–Pena–Rendirse–Por–Nada. Ni la pérdida. Ni una pandemia. Ni el sufrimiento. Ni la decepción. Ni el rechazo. Ni el contratiempo. Termina el trayecto. Descansa si debes hacerlo. Grita si es necesario. Pero sigue moviéndote. Golpéate el pecho. Ármate de valor. Sé valiente y avanza. Siente la ráfaga de adrenalina de todo en tu sistema que dice: "¡Sí! ¡Nací para esto!".

Todo el mundo aclamó a un corredor que se cayó en la pista durante los Juegos Olímpicos de Barcelona de 1992. Herido y decepcionado, volvió a levantarse. Con la ayuda de su papá, Derek Redmond continuó hasta terminar una vuelta completa de la pista mientras la multitud lo ovacionaba de pie.[1] Aunque no ganó, y en el reporte olímpico oficial aparece como "no terminó" debido a la ayuda que recibió, ¿quién crees que fue el más recordado de esa

---

1. Para más información sobre la historia de este corredor y su carrera como orador motivacional, visita derekredmond.com

carrera? ¿El ganador, o el que cruzó la línea de meta cojeando? ¡Lo adivinaste! Quien escogió soportar y terminar a pesar del dolor. La gloria llegó para él de otro modo.

Prendió los corazones de todos lo que alguna vez han sentido la tentación de abandonar.

El mayor ídolo o dios falso de todos es nuestra percepción de cómo creemos que deberían verse la vida y el éxito. Al final, completar aquello para lo que fuimos creados es la marca máxima de éxito. Es lo que nos dará toda la alegría, paz y satisfacción que buscamos. Sencillamente, puede que no esté envuelto en el paquete que esperamos.

Jesús dijo que en los últimos días los corazones de las personas desmayarán de terror (véase Lucas 21:26). Cuando llegan los vientos de cambio para desafiar nuestras creencias y desmantelar nuestro modo normal de hacer las cosas, quienes no son flexibles, no están llenos de fe o no son formidables, caerán. La rigidez hará que te quiebres. Quienes tienen la fortaleza para aceptar el cambio y hacerse camino en él cosecharán sus recompensas.

EL CATALIZADOR DE LA INVENCIÓN

A medida que las empresas encontraban maneras nuevas de conducir el negocio durante la pandemia de la COVID-19, muchos descubrieron que habían estado desperdiciando dinero en gastos generales. ¡La fuerza laboral en gran parte trabajaba con mayor eficacia desde la casa! Las iglesias se asustaron mucho inicialmente cuando no pudieron reunirse, pero encontraron maneras innovadoras de alcanzar a una audiencia más grande en el internet. Fue un libro de Hechos electrónico que tenía lugar en un escenario moderno. La iglesia se vio obligada a salir a la cultura dominante para tocar a quienes nunca habría alcanzado dentro de cuatro paredes.

Se abrieron en el internet portales de aprendizaje. Las escuelas no solo tomaron el internet, sino que también se lanzó una enorme cantidad de cursos en línea. Se vendieron libros a mayor ritmo que en décadas. Las ventas en el internet subieron como la espuma. La agitación hizo nacer cambios y creó nuevos negocios que nadie habría considerado antes. Aumentaron el aprendizaje y el progreso. Se estaban produciendo a nuestro alrededor cambios en el modo en que las personas hacían negocios, vivían e interactuaban, aunque no había ningún movimiento externo. *El cambio ocurrió en el interior*: dentro de nuestras mentes, nuestros hogares, escuelas, establecimientos comerciales, iglesias y gobiernos. Todos fueron obligados a mirar cómo vivir y relacionarse de modo diferente. Algunos hicieron los ajustes necesarios y se desarrollaron, mientras que otros se aferraron a lo viejo y literalmente quedaron en la lona, marchitándose sin dar fruto.

Es cierto que no se puede poner vino nuevo en odres viejos, pues se hinchará y romperá la piel derramando el contenido, y se perderá (véase Mateo 9:17; Marcos 2:22; Lucas 5:37-39). El vino nuevo requiere una manera nueva de contenerlo. Una manera nueva de hacer lo que hacías antes. Respira profundamente y declara para ti: "La vida discurre, se producen cambios, y el cambio es bueno".

CUANDO TODO CAMBIÓ

Nunca hay una sola manera de hacer las cosas. Aquel que te creó es mayor que eso. Cuando todas tus ideas preconcebidas hayan fracasado, no terminó. Es meramente una invitación a extender tu entendimiento, tus habilidades y tu fe. Aprender a caminar con los brazos abiertos es, al mismo tiempo, aterrador y emocionante. Es el inicio de una gran aventura para experimentar algo nuevo y tal vez encontrar un milagro.

CAMBIO DE MENTALIDAD

- ¿Qué no te ha funcionado en el pasado?
- ¿Qué riesgos estás dispuesto a correr?
- ¿A qué cambio te estás resistiendo?
- ¿Qué temor tendrás que soltar para continuar avanzando?
- ¿Qué opciones están a tu alcance actualmente?

EN RETROSPECTIVA

Nuestros sueños iniciales son siempre ciertos; sin embargo, no insistirán en manifestarse si no estamos dispuestos a hacer el trabajo que se requiere para que cobren vida. No es que tome mucho tiempo para que los sueños se cumplan; los sueños simplemente esperan que nos alineemos con ellos y tengamos la valentía de correr un riesgo.

Plantéate esta pregunta: ¿cuál es el deseo o el sueño secreto que he reprimido hasta ahora?

LA PRÓXIMA ORACIÓN

Y conocerán la verdad, y la verdad los hará libres.

(Juan 8:32)

Amado Padre celestial, confieso que flaqueo cuando se trata de enfrentar la verdad de mi apuro. Duele demasiado. Pienso en lo recóndito de mi mente que, si no lo reconozco, de algún modo u otro se irá o se resolverá por sí solo. Sé que eso no es verdad, y sin embargo pospongo el lidiar con la verdad de mi situación. Ayúdame a aceptar la verdad en lugar de temerla. Tú me conoces por dentro y por fuera. Conoces mi mente, mi corazón y mis inclinaciones. Tú conoces mis debilidades y mis fortalezas, incluso las cosas secretas que temo. Te pido que aquietes mi corazón y me des la valentía para aceptar la verdad sobre mi situación, sobre mí mismo, e incluso sobre ti. Algunas veces no te veo a ti como debiera. Desconfío de tus planes y te culpo por cómo se desarrolla mi vida. Hoy decido hacerme responsable. Enfrentar los hechos y cambiar mi escenario al tomar una decisión diferente. Da miedo, pero estoy preparado para lo *próximo*. Mi vida está en tus manos, en el nombre de Cristo Jesús. Amén.

¿Qué hecho has estado evitando acerca de tu situación?

____

____

____

____

¿Qué opciones tienes que cambiar a fin de lidiar con tu verdad de modo constructivo?

____

____

____

____

Escribe una confesión de fe a continuación:

____

____

____

____

INVIERNO

Frío. Aparentemente estéril. El invierno puede ser una señal de muerte para quienes no comprenden el propósito de cada estación. Morir puede ser más productivo que la mera existencia porque elimina cosas que impiden el crecimiento. Nos encanta admirar a la mariposa. Hablamos de que el gusano se introduce en un capullo, pero no entramos en detalles. No hablamos del hecho de que el gusano muere literalmente, haciéndose líquido antes de salir de su cáscara, extender sus alas, ¡y emprender el vuelo! ¡La moraleja de la historia es que debemos morir antes de volar!

El invierno del alma puede ser un lugar solitario de aislamiento y oscuridad. Puede causar que te cuestiones a ti mismo; que cuestiones a Dios; que cuestiones tu vida, tu propósito y tu dirección. El invierno se conoce por tener los días más cortos y las noches más largas. Luz del sol fugaz que perseguimos en algunas regiones del mundo manipulando el tiempo. Ajustamos nuestros relojes para ahorrar tiempo de luz. Los adelantamos en primavera, ¡los retrasamos en otoño! Esa es la regla. Retrasarlo es un intento de aprovechar un amanecer más temprano y terminar el día antes de que se ponga el sol, dejando a las personas que se hagan paso en la oscuridad del camino de regreso a la casa desde la escuela o el trabajo. Así es la vida. Intentamos acortar el tiempo de dificultad manipulando nuestras circunstancias hasta que nos vemos obligados a enfrentar la oscuridad de la que no podemos escapar cuando corremos en busca de la luz.

El invierno es un tiempo de mirar hacia adentro y de profunda reflexión. Algunos hibernan en el invierno, esperando un tiempo más cálido, mientras que otros aprovechan los deportes de invierno mientras celebran las temperaturas más bajas y la belleza de una nevada asombrosa. De nuevo, todo está en el modo en que vemos cada situación. Que nos retiremos con depresión o aprovechemos la temporada con una sensación de celebración desinhibida, ¡es decisión nuestra!

La muerte es una parte natural del ciclo de la vida. Tanto físicamente, como en lo espiritual, lo emocional, lo profesional, en lo financiero y aun en lo relacional, en cada ámbito de la vida hay un tiempo en el que las cosas caen por diseño o mediante la acción deliberada. Necesitamos ver esta muerte, esta pérdida, lo que percibimos como un final, bajo la luz apropiada. La realidad es que nunca se termina, sin importar qué sea; cualquiera que sea la situación, es un desvío hacia otro nivel de vida y de experiencias. Esta es nuestra esperanza presente que cede el paso a nueva vida si aceptamos esta verdad.

Toma tiempo para reflexionar sobre dónde estás en este momento.

- ¿Qué necesitas entregar?
- ¿Qué ha recorrido su curso en tu vida?
- ¿Qué has estado anhelando cambiar?
- ¿Qué acciones has resistido?
- ¿Qué caminos se te han cerrado que antes estaban abiertos?

Las respuestas a esas preguntas revelarán por qué estás experimentando un invierno del alma. Ahora no es el momento de estar triste. ¡Es el momento de estar emocionado! Aunque parezca que no está sucediendo nada, se están desarrollando muchas cosas por debajo de la superficie. La hibernación conduce a la regeneración. Debes saber que llegará la luz, revelando cosas que antes estaban ocultas y que te equiparán para tu viaje hacia adelante.

Las noches son más largas y los días son más cortos en el tiempo de invierno. Esto se traduce también a nuestras vidas. Parece como si las pruebas fueran interminables en el invierno de nuestra alma, con breves destellos de esperanza que parecen fugaces. Una canción titulada "Las estaciones del alma" de Michael y Stormie Omartian habla de esta sensación:

Caminando solo en el desierto, en busca de la lluvia,
Cómo puede sucederme esto a mí, no está bien, cuando Jesús es mi amigo,
Todo iba bien,
Yo estaba de pie,
¿Dónde me equivoqué?
De repente, el cielo era gris,
Parecía que así se quedaría
Por mucho tiempo.

En lo alto de un monte escuché su suspiro, como el llamado de un ángel,
Si no descansas cuando el invierno esté aquí, qué soportarás en el otoño,
Un tiempo de llorar, un tiempo de cantar,
Todo tiene su tiempo,
Nada dura para siempre.
No mires lo que ves,
Y fija tus ojos en mí,
Yo no te dejaré caer.[2]

2. Michael y Stormie Omartian, "Seasons of the Soul", en *Seasons of the Soul* (Myrrh Records/MCA Records, 1978).

El invierno es el intermedio. Es la estación de espera. De esperar con expectación. De disfrutar en el vientre del tiempo antes de que se produzca el nacimiento. Es el punto de transición entre lo que eras y lo que estás llegando a ser. A medida que aprovechas la tranquilidad y la oscuridad, comprende que están en modo preparación. Estás siendo equipado interiormente para lo que llegará pronto a la superficie. Entrégate a la oscuridad y haz crecer los músculos que necesitas. Comprométete a pelear y salir de mentalidades que entorpecen y de cualquier cosa que te haga sentir atado. Estírate, siente la sangre bombeando por tus venas. Extiende tus alas, anticipa la primavera, ¡y prepárate para volar!

> *Hermanos, no queremos que ignoren lo que va a pasar con los que ya han muerto, para que no se entristezcan como esos otros que no tienen esperanza.* (1 Tesalonicenses 4:13, NVI)

4

¡SUPÉRALO!

Cuando la vida se vuelve oscura y no puedes ver la luz al final del túnel, es fácil darse por vencido, rendirse, y dejar de actuar. Sin embargo, la vida continúa a nuestro alrededor. Así como el invierno va cediendo y rindiéndose al brillo de la primavera, también debe hacerlo nuestro lamento por cosas que han quedado perdidas, relaciones que han implosionado, sueños que se han disipado, o posturas sostenidas por mucho tiempo, e incluso posición social que ya no controlamos. Sea lo que sea a lo que te hayas aferrado y que ya no está, toma tiempo para estar triste; pero no te quedes atascado ahí.

Hay varios motivos por los que nos quedamos atascados en la etapa de tristeza y lamento. Cuando se produce una alteración repentina o un acontecimiento traumático, puedes ser atacado por la espalda y que te resulte difícil encontrar tu punto de apoyo. La falta de control sobre la situación, y lo inesperado de todo, puede conducirte a varias etapas de luto y tristeza que pueden variar dependiendo del marco de tiempo. El asombro es la primera etapa, cuando ni siquiera puedes ubicar una respuesta porque todavía tienes que asimilar la realidad de la situación. Algunas personas deciden quedarse ahí, en negación, porque enfrentar la realidad es demasiado doloroso.

Cuando mi novio murió hace años atrás, lo enterraron antes de que yo tuviera oportunidad de ver su amado cuerpo sin vida. Eso me dejó perpetuamente en un limbo. Me consolaba con el hecho de que, como no lo había visto muerto, en realidad no se había ido. Hubo momentos en los que creí verlo al otro lado de la calle. Mi corazón se aceleraba, y apresuraba mis pasos para ver si en realidad era él. Desde luego que no era él, y al final llegó el día en que tuve que aceptar que él ya no estaba en esta tierra.

Ah, el llanto, el lamento y el crujir de dientes se demoró por demasiado tiempo, ¡porque yo evitaba el proceso del luto! Me dijeron que fuera fuerte. La gente esperaba de mí que fuera resiliente al instante. La verdad del asunto es que yo no era tan fuerte como todos habían llegado a creer. Me estaba desmoronando por dentro. Mi corazón estaba hecho pedazos, y mi mente al borde de un ataque de nervios. Sentía que perdía la cabeza, y tuve pensamientos suicidas. Sin embargo, una extraña mezcla de orgullo y ego me susurró que tenía que aguantar y hacer de tripas corazón. Me susurraba: *¡No puedes quebrarte! ¿Qué pensarán los demás? ¿Qué dirán? ¿Cómo te considerarán si no puedes lidiar con la situación?*

Por lo tanto, me anestesiaba. Cuando pasaba el efecto, el dolor seguía ahí, dejándome para que peleara contra él sin palabras. Hasta que la supervivencia se convirtió en un hábito, y el dolor se convirtió en mi acosador personal, llenándome de temor ante un arrebato que haría que me viera débil. Acababa de conseguir el trabajo de mis sueños el mismo día que él murió, y tuve que seguir viviendo. Tenía–Que–Seguir–Moviéndome.

Cuando la vida no nos permite hacer duelo, derramar lágrimas, reconocer y revolcarnos en nuestro dolor por un tiempo, nos convertimos en inválidos emocionales paralizados por nuestra propia cobardía. Sí, cobardía. Porque, al final, tenemos miedo a sentir lo que sentimos, sin comprender que lo estamos sintiendo de otro modo. Actuamos de maneras que no reconocemos como tristeza y lamento. En ausencia de aceptar cómo nos sentimos verdaderamente, nos convertimos en un prisionero de nuestras emociones o de la falta de estas. Levantamos muros para protegernos de más dolor, pero también cierran nuestra capacidad de experimentar amor y alegría del modo en que deberíamos hacerlo. Son arenas movedizas, en el mejor de los casos. Cuanto más luchamos contra ellas, más somos tragados por ellas.

Sin embargo, sucede una cosa fenomenal cuando nos relajamos. La arena nos suelta, y flotamos hasta la superficie. Ya no nos tiene atrapados. Un hombre que se está ahogando acelera su muerte al sacudirse, pero en el momento en que deja de pelear y comienza a flotar, puede dirigirse hacia la seguridad, o por lo menos aguantar hasta que alguien lo rescate.

Poder relajarte y flotar en tu dolor te llevará a un lugar seguro donde puedes tomar el tiempo para reflexionar y poner en perspectiva tu dolor. Atrévete a enfrentar y aceptar tu dolor. Sé lo suficientemente fuerte para ser débil. Sí, lo dije. Déjalo salir. Grita. Llora. Lanza algo contra una pared. Vacíate. Y espera volver a llenarte. ¡Eso llegará!

LAS COSAS QUE PERDEMOS

Cuando se trata de la muerte de un ser querido, ajustar nuestros pensamientos sobre la eternidad puede ayudarnos en el proceso del luto. Cuando podemos aceptar que la separación no es final, solamente no deseada, podemos hacer las paces con la separación. Cuando aceptamos un punto de vista eterno, pensando que no es el final de la vida sino la transición a una vida mejor, podemos realmente gozarnos porque nuestro ser querido está en un estado mejor.

Algunos pueden decir que Jesús fue duro cuando declaró: *Deja que los muertos entierren a sus muertos* (Mateo 8:22, NVI); sin embargo, Él sabía que lo que la mayoría de las personas creían que era una condición permanente, era tan solo temporal. Por eso, cuando murió su amigo Lázaro, dijo: *Nuestro amigo Lázaro se ha dormido, pero ahora iré a despertarlo* (Juan 11:11). Él sabía que no había terminado para el difunto. De hecho, ¡era el inicio de la vida verdadera!

El problema es que no conocemos acerca de esa vida. Solo conocemos acerca de la vida que vivimos ahora sin la persona que amamos.

A veces el método de separación hace que sea más difícil reconciliar la experiencia. Violencia, una grave enfermedad muy larga, y circunstancias repentinas e inesperadas, pueden sacudirnos aparentemente sin poder superarlo. Sin embargo, no deberíamos enfocarnos en el método de transición porque eso está más allá de nuestra capacidad de poder arreglarlo. Es el fin del asunto. Si esa persona sufrió por mucho tiempo o solo por un momento, lo fundamental es que hay vida más allá de donde estamos. No solo eso, sino que todos moriremos finalmente. Seremos reunidos con quienes partieron antes que nosotros.

Es casi como si ellos hicieron un viaje a un lugar fabuloso que tú siempre quisiste visitar antes de que tú puedas llegar allá. Como esa es la realidad, debería haber un poco de envidia y después una anticipación gozosa acerca de ir tú mismo allá algún día y ver otra vez a esa persona. No importaría que ya no pudieran conversar cada día. Te sostendrías con los grandes recuerdos que crearon juntos y el hecho de que sabes dónde está, y que algún día estarán reunidos con gozo. Traducir tu tristeza en alegría por el tiempo que pasaron juntos y el tiempo que llegará es un modo de poder honrar a tus seres queridos.

Hay un temor genuino a lo desconocido que lucha con la pregunta de por qué morimos. Y, sin embargo, todos iremos a otro lugar y otra vida. Cuando no hemos resuelto este tema, se debe a que no entendemos que cada vida tiene una fecha de caducidad, basada en nuestro propósito. Cuando nuestra tarea o propósito queda completado, nos vamos y nos *graduamos* hacia la próxima tarea. Cuando termina nuestra capacidad de ser eficaces donde estamos, no hay necesidad de que nos quedemos. Esa es la compasión de Dios.

En otros casos, la presencia de pecado en el mundo acorta la vida de algunos sin que haya buenas razones. No tiene sentido para nosotros. Luchamos contra el porqué, y sin embargo es la consecuencia de tener defectos en nuestra humanidad. No podemos decir cómo o cuándo es el mejor momento para que alguien se vaya, pero podemos decidir que la relación que tuvimos con él o ella y su recuerdo ha infundido un bien en nosotros que hace que nos conduzcamos de un modo que le honre. Pregúntate cómo le gustaría a esa persona que vivieras tu vida. Si pudieras tener una última conversación con él o ella, ¿qué te diría acerca de tu vida y tu futuro? ¿Qué estado en el corazón y la mente querría que adoptaras?

Gran parte del modo en que somos capaces de aceptar la muerte está envuelto en nuestra percepción y aceptación de la realidad de la eternidad. Cuando pensamos en la eternidad con temor, en lugar de hacerlo con los lentes de la fe, eso crea una gran angustia con proyecciones de negatividad y desesperación. Debemos recordar que nuestras emociones se derivan de los pensamientos.

Por lo tanto, has de examinar tus pensamientos. Esas cosas están alimentando tu parálisis y atándote a la desesperación. La incapacidad de avanzar y dejar atrás la tristeza debe ser desmantelada para que no pueda gobernar sobre ti. Esto requiere disciplina. El poder que necesitas para dominar tu vida pensante y negarle permiso para gobernar sobre tus pensamientos y actitudes reside en tu voluntad. Sustituir pensamientos negativos por otros positivos debe convertirse en un ejercicio a utilizar. Después de todo, sigues estando aquí, ¡con mucha vida por delante! Cómo la vives, depende de ti.

Otra área en la que nuestra tristeza puede volverse debilitante podemos encontrarla en la falsa obligación. Las personas tienen ideas extrañas acerca de lo que honrará a una persona que se ha ido antes que ellas. Todavía hay una creencia morbosa que piensa que el luto y el lloro profesional significa honrar a la persona. Seguir decaído y negarnos a superar su partida es una obligación que ningún ser querido fallecido desearía nunca para nosotros. Es una obligación falsa y torcida que puede mantenerte en un estado de negación o incapacidad para recuperarte. Algunas veces está vinculada a la culpa. El luto es una penitencia para algunos, un modo de enderezar los arrepentimientos del pasado con esa persona. Una manera de arreglar las cosas que se dijeron, o se hicieron, y que no deberían haber sucedido... o las cosas que deberían haberse dicho o hecho pero que nunca se produjeron. Esto puede mantenerte dando vueltas en una lucha perpetua que será difícil de resolver porque no hay modo alguno de reparar el daño, excepto contigo mismo. En este caso, debes perdonarte a ti mismo. Libérate. Has de saber que, en tu imaginación, el incidente probablemente se ha agrandado mucho más que lo que sucedió realmente.

EL PODER PARA AVANZAR

Hacer las paces con tu corazón y tu mente es fundamental para avanzar.

Yo sufrí culpabilidad severa tras la muerte de mi novio. Habíamos discutido. Él había viajado. Le dispararon mientras estaba en ese viaje. Un amigo suyo dijo que si mi novio no hubiera estado enojado, no habría viajado. ¡Fue todo culpa mía!

Esas palabras resonaban una y otra vez en mi alma a medida que iba descendiendo al abismo de mi dolor. Mi última conversación con él antes de que eso sucediera no fue buena. Mientras él estaba moribundo en un hospital al otro lado del país, yo no seguí mi instinto de ir allá y estar con él. Sus padres dijeron que él me necesitaría más cuando regresara a casa, de modo que yo debía esperar a que él regresara. Pero él nunca regresó a casa.

Los escenarios que se repetían en mi cabeza eran una tortura. Si yo pudiera, yo debería, tendría que... Pero no podía, no debí, y no lo hice. ¿Fue realmente culpa mía que él ya no estuviera? No. Él dejó un mensaje a su familia para consolarme porque anticipaba mi incapacidad de lidiar con su muerte y, sin embargo, yo batallaba para perdonarme a mí misma por su fallecimiento.

Solo cuando confesé que aceptaba mi imperfección en la relación y me sentí agradecida por su amor y por el perdón de Dios, fui capaz de ser libre y hacer las paces con su partida. Me tomé tiempo para estar agradecida por los momentos que compartimos, el amor y las risas. Decidí preservar esos pensamientos como recuerdos maravillosos que me informaron de que el amor verdadero era posible, y yo lo había experimentado. Al final, pude exhalar, sonreír, y volver a amar.

Hecho. El amor no correspondido, negocios incompletos, y problemas no resueltos pueden mantenernos en un estado de arrepentimiento perpetuo. Sin embargo, tienes la capacidad de crear resolución. Avanza. Siente la emoción, pero pon un límite a cuánto tiempo vivirás en tus sentimientos, porque los sentimientos no son precisos y certeros.

Enfócate en la verdad. Enfócate en las opciones. Enfócate en tener gratitud. Enfócate en los nuevos comienzos. Tus sentimientos deben seguir a tu postura y tus decisiones. No permitas que corran fuera de control como un niño caprichoso y obstinado. Tu decisión de vivir sanamente es el adulto al que deben obedecer el niño y tus emociones.

Ya sea que la pérdida que sufriste es una persona o la muerte de un sueño, un negocio, una carrera profesional, o un modo de vida, se aplica la misma regla. Nunca ha terminado. *Siempre hay un próximo.* Está más cerca de lo que piensas, al otro lado de tu desesperación. La esperanza y la fe en que puedes volver a comenzar son los primeros pasos hacia una vida nueva que te espera. Recuerda que la vida es una opción llena de posibilidades interminables. Por lo tanto, ¡decide seguir viviendo!

CUANDO TODO CAMBIÓ

Cuando la vida te ataca por sorpresa con una pérdida, ya sea esperada o no, debes renovar tu visión y decidir volver a comenzar. Repasa cuáles son tus opciones para comenzar otra vez y escoge tu camino. Lo que anticipas relegará cómo avanzas. Eres más poderoso de lo que piensas. El instinto de vivir, incluso cuando tienes ganas de morir, está en tu ADN. Por lo tanto, respira profundamente y decide desafiar tus emociones. Dales la orden de que se alineen con tu decisión de no solo sobrevivir, sino prosperar, regresar mejor y más fuerte que antes. Como los cedros del Líbano, que son árboles conocidos por su fortaleza, deja que tu quebrantamiento te renueve.

CAMBIO DE MENTALIDAD

- ¿Qué pensamientos están alimentando tu tristeza? ¿Son ciertos esos pensamientos?
- ¿Qué mentalidades necesitan cambiar para ayudarte a aceptar la gratitud?

- ¿Por qué puedes estar agradecido cuando piensas en tu pasado y tu futuro?
- ¿Cuáles son tus opciones para avanzar?
- ¿Qué citas contigo mismo tendrás para la recuperación?

EN RETROSPECTIVA

Un callejón sin salida es simplemente un vehículo colocado en su lugar para redirigir tu enfoque y tu movimiento. La frase "el tiempo lo cura todo" parece muy trillada y, sin embargo, es cierta. El motivo por el que batallamos con la recuperación es que no nos damos permiso a nosotros mismos para hacernos camino por el proceso de la sanidad. Repetiremos con mayor dificultad cada parte que nos saltemos. Acepta que nuestras experiencias y pérdidas nunca se desvanecen por completo de nuestra memoria; simplemente se mueven a un lugar diferente en nuestro corazón, donde sabemos cómo encontrarlas en los momentos correctos. Esta mentalidad nos libera del temor a la pérdida permanente.

Plantéate esta pregunta: ¿cuál es la lección aprendida o el diamante entre las cenizas que puedo guardar de mi pérdida?

LA PRÓXIMA ORACIÓN

> *Más bien, una cosa hago: olvidando lo que queda atrás y esforzándome por alcanzar lo que está delante, sigo avanzando hacia la meta para ganar el premio que Dios ofrece mediante su llamamiento celestial en Cristo Jesús.*
>
> (Filipenses 3:13-14, NVI)

Amado Padre celestial, confieso que tengo tendencia a aferrarme a las cosas mucho después de que tendría que haberlas soltado. Me resulta difícil superar los reveses en mi vida. No sé a quién culpo más: a quienes considero culpables de defraudarme y hacerme daño, o a mí mismo por permitirlo. Debo admitir que también te culpo a ti por no salvarme de lo que he sufrido. Ahora comprendo que el único prisionero en esta ocasión soy yo mismo. Ayúdame a encontrar la lección en todo esto, recibirla, y soltar la situación. Ayúdame a ver mi dolor como un amigo, que me revela cosas que necesito saber. Ayúdame a hacer las paces con las cosas que no puedo controlar. Ayúdame a escoger confiar en ti en medio de mis preguntas sin respuesta. Ayúdame a ver tu visión suprema para mí, de modo que pueda proseguir hacia esa meta en lugar de agarrarme a lo que ya ha sucedido. Ayúdame a ver más esperanza en mi futuro que en mi desesperación presente. En este día, decido perdonar y soltar. Decido aceptar la temporada que tú ofreces y creer que llegarán cosas mayores. Sé que tú ya viste lo que sucedió y preparaste una solución. Estoy escuchando, y obedeceré. Gracias por ayudarme en este lugar difícil. Gracias por el consuelo que me ofreces. En el nombre de Cristo Jesús. Amén.

¿Qué necesitas soltar?

____

____

____

____

¿Qué ves más adelante?

____

____

____

____

Escribe una confesión de fe a continuación:

____

____

____

____

5

UBÍCATE

Esta es una estación en la que muchos cuestionan su identidad tras experimentar pérdidas de todo tipo: física, profesional, relacional y financiera. ¿Estás cuestionando tu relevancia? ¿Tus capacidades? ¿Tu futuro? ¿Tu capacidad de tener impacto? ¿Tu capacidad de prosperar y tener éxito? Tal vez incluso cuestionas a Dios por lo que Él ha permitido que ocurra en tu vida.

Para muchos, quiénes son está vinculado a lo que hacen y lo que tienen. Y cuando esas cosas no están, se sienten perdidos con respecto a cómo actuar o en qué dirección moverse. Muchos que han estado en primera línea de sus campos, al final se encuentran en un lugar de aparente anonimato, y les resulta difícil ajustarse a la falta de celebridad y elevada estatura. Es un tipo de muerte. Quien eres ahora no es quien eras entonces. Aquello era el verano; esto es el invierno. Y, sin embargo, el entorno es el mismo.

El invierno de tu vida puede suceder en diferentes niveles y en diferentes sectores. La pérdida personal puede producirse no solo en personas o relaciones. Puedes sufrir pérdida económica. Pérdida posicional. Pérdida profesional. Pérdida de estatus. Pérdida de la salud. Pérdida de agudeza mental. Pérdida de finanzas. Con frecuencia, una engendra otra, creando un efecto dominó de pérdida, una experiencia parecida a la de Job.

El relato bíblico de la vida de Job tiene importancia para la época actual cuando la examinamos de cerca. No fue suficiente que Job perdiera a sus hijos. Perdió propiedades, bienes, el respeto de su esposa y su posición social. Antes se dijo que era uno de los hombres más sabios en la tierra; ahora sus amigos se juntaron no solo para compadecerse de él sino también para cuestionar su integridad y su posición delante de Dios (véase Job 2:11-13; 15:4; 20:5). Ellos pensaban que Job, sin duda, debía haber hecho algo mal para causar toda esa *mala suerte* sobre sí mismo. La realidad del desmoronamiento de la vida de Job no les había ocurrido a ellos, y por eso no podían identificarse. La esposa de Job no fue de ayuda en absoluto. Ella le dijo: *¿Todavía mantienes firme tu integridad? ¡Maldice a Dios y muérete!* (Job 2:9, NVI). Simplemente tira la toalla, abandona, ¡y ni siquiera pienses en un regreso! En su mente, los acontecimientos y las pérdidas que se habían producido estaban más allá de la esperanza de restauración.

Mientras tanto, en el rancho, Job estaba sentado en un estado de incredulidad a medida que su mente lidiaba con todo lo que había tenido lugar. Intentando darle sentido a todo eso, lamentó el día en que nació (véase Job 3:1-3) e hizo varias declaraciones de gran alcance que son citadas continuamente por otros que han sufrido diversos tipos de devastación. Cosas como lo siguiente: *El Señor ha dado; el Señor ha quitado. ¡Bendito sea el nombre del Señor!* (Job 1:21, NVI). No es exactamente preciso, pero suena bien y poético cuando alguien intenta mantener una expresión de valentía. Sin embargo, a medida que pasó el tiempo y ya fuera por mero agotamiento al recibir sermones y ser interrogado por sus amigos, o por chocarse contra una pared al intentar comprender por qué le había sucedido todo eso, Job admitió su estado destrozado. Sus amigos al final también se desahogaron.

CUANDO SALE A LA LUZ LA VERDAD

Tenemos que preguntarnos cuánto tiempo habían estado pensando los amigos de Job lo que pensaban. Por envidia, ¿estaban disfrutando en el momento que sintieron un poco de superioridad sobre Job? Todo esto es mera especulación, pero no podemos pasar por alto que los amigos de Job realmente hablaron largo y tendido sobre todas las áreas en las que él podría haber obrado mal, ¡con gran deleite! En este punto es cuando Dios comienza a hablar y a colocar a cada uno en su lugar y todo en perspectiva. Lo fundamental de su conversación señala a su soberanía y su capacidad de hacer tal como le plazca. No por crueldad, sino para mostrar a Job y sus amigos que, sin importar lo que nos ataque en la vida, siempre hay un *próximo*. Él confió en que Job se mantendría firmemente aferrado a su fe a lo largo de su prueba y devastación, y al final fue recompensado y restaurado generosamente con el doble de bendiciones.

Pero retrocedamos un poco para que no perdamos el principio de la historia. No fue tan solo la pérdida física lo que sacudió a Job. Lo que estaba en juego eran los asuntos interiores en lo más profundo de quién era él, lo que defendía, y lo que creía. Por cada acusación que le lanzaron sus amigos, Job se mantuvo firme en sus convicciones sobre quién era él y lo que creía sobre Dios. No cedió ni transigió en estos asuntos.

Créeme: alguien tendrá siempre una opinión con respecto a tu condición. Tendrá consejos bienintencionados, pero tendrás que sopesar el consejo de los demás y determinar separar hechos y ficción. Algunas cosas son más fáciles de averiguar que otras. En esos momentos en los que la vida parece fluida, necesitas saber que puedes dominar el flujo. Quién eres, lo que defiendes, y lo que crees tendrá todo que ver con el resultado de tu situación. Si cedes a la negatividad y crees lo peor, eso se convertirá en una profecía autocumplida. Si resistes la mentalidad negativa para aceptar lo positivo, harás confesiones diferentes y tomarás decisiones diferentes que te sacarán de tu apuro.

Job mantuvo la fe incluso cuando las circunstancias externas parecían contrarias a sus creencias. Él dijo:

> *El terror me ha sobrecogido; mi dignidad se esfuma como el viento, ¡mi salvación se desvanece como las nubes!... Cuando esperaba lo bueno, vino lo malo; cuando buscaba la luz, vinieron las sombras. No cesa la agitación que me invade; me enfrento a días de sufrimiento.* (Job 30:15; 26-27, NVI)

Sin embargo, después de decir todo eso, Job se mantuvo inamovible en sus convicciones. Nunca se cuestionó a sí mismo, su fe, ni tampoco a Dios. Por lo general, es ahí donde se cuela la duda de uno mismo y pensamos: *¿Por qué yo? ¿Qué hice mal?* Nos enojamos con Dios y nos preguntamos: *¿Por qué permitió que me sucediera eso?* Puede que incluso sintamos celos de otros que parecen prosperar mientras que nosotros sufrimos. Todas esas cosas nos distraen de dónde debería estar nuestro enfoque.

ADOPTAR UNA POSTURA

Job no cedió en proclamar su integridad, ni tampoco se movió cuando aseveró que Dios seguía estando muy vivo y saldría en su defensa y decidiría el fin del asunto para él. Creía en lo *próximo*, ¡aunque no sabía qué era lo *próximo*! Dios finalmente intervino por Job después de que pasó la prueba de su corazón. Entonces, el Señor confrontó a los amigos de Job y les dijo que estaba ofendido porque ellos no habían hablado verdad sobre Él así como lo había hecho Job (véase Job 42:7). Para demostrar la veracidad de las expectativas de Job, duplicó la fortuna de Job comparada con lo que tenía antes. Sus postreros días fueron más grandes que los primeros, fue más celebrado que antes, e incluso tuvo otros siete hijos y tres hijas más (véase Job 42:12-13). Y sus amigos obtuvieron una comprensión nueva y mejor del carácter de Dios y de sus intenciones hacia quienes lo sirven. Incluso Job vio otro lado de Dios que no conocía antes, observando: *Hasta ahora solo había oído de ti, pero ahora te he visto con mis propios ojos* (Job 42:5).

¿Cuál fue el secreto aquí? Job se mantuvo enfocado en la reputación de Dios, aunque lloró la pérdida de lo que tenía. Conocía cuál era la fuente de todo lo que tenía, incluida su posición social.

Algunas veces tu orgullo hecho añicos puede ser magnificado incluso por tus pérdidas si estás casado con tu identidad. A veces es difícil creer que sea posible otra cosa más allá de tu situación. Tu dolor, tu pérdida, pueden abrumarte y saturarte hasta que se convierte en parte del tejido de quien eres... si tú lo permites. Sin embargo, lo que te sucedió *no* es quien tú eres. No te define. Quedarte atascado en esta mentalidad es peligroso. No te da una salida para avanzar, y destruye tus esperanzas para lo *próximo*.

Encontramos otra historia bíblica acerca de alguien que lo pierde todo en el libro de Rut. Noemí está muy golpeada por los acontecimientos en su vida, hasta el punto en que abraza su identidad quebrada.

En ocasiones, calculamos mal cuándo movernos y cuándo quedarnos quietos. No somos nuestros errores. Nuestras pérdidas no definen quiénes somos ni hacen que Dios nos castigue. Por todo lo que creemos, decimos o hacemos hay una consecuencia o una bendición. Es meramente el resultado de las decisiones. Distintas decisiones pueden corregir malas decisiones si no nos postramos ante las consecuencias presentes.

Nadie culparía a otro por intentar hacer que la vida sea mejor para esa persona, en especial cuando todas las señales parecen apuntar al hecho de que debería hacerse un movimiento. Eso es lo que hicieron Noemí, su esposo Elimelec, y sus dos hijos. La economía se había derrumbado donde ellos estaban, literalmente, y percibieron que estaban en un estado de hambruna. Se hizo ese movimiento para buscar una vida mejor para su familia (véase Rut 1:1-2). Sin embargo, el lugar que escogieron era cuestionable. Cuando estamos en un estado de temor, enojo o dolor nunca es un buen momento para tomar una decisión. Ellos se establecieron en una tierra que era hostil hacia sus valores y creencias. No sabemos quién tomó la decisión de mudarse a una tierra extranjera que no apoyaría su fe o sus costumbres sociales. Ni siquiera sabemos si Noemí estaba de acuerdo con ese movimiento. Lo único que sabemos es que ella fue, y le costó mucho. Se fueron de Judá o Canaán, que significaba "la tierra de la promesa", para ir a Moab, una tierra conocida por sus dioses falsos y su inmoralidad sexual. Eso es prueba de que la desesperación disminuye el discernimiento, lo cual nos conduce a tomar decisiones dañinas para arreglar un problema del que tal vez no tengamos una lectura clara.

¿Cuántos de nosotros nos conformamos con menos de lo mejor de Dios cuando no interpretamos bien la situación en la que estamos o las intenciones de Dios hacia nosotros? Cuando no entendemos su proceso, tendemos a tomar la vida en nuestras propias manos. Esto, por lo general, no termina bien.

CUANDO LA VIDA DUELE

El esposo de Noemí murió, lo cual condujo a un compromiso aún mayor en lo que era ya una situación frágil. Sus hijos se casaron con mujeres de la región. Al final, ella se vio golpeada de nuevo por una pérdida abrumadora cuando sus hijos murieron, dejando a Noemí despojada y sin opciones para considerar dónde estaba. Oyó que todos los que se habían quedado en Judá estaban prosperando, y que las cosas habían regresado a la normalidad. Ella decidió regresar a casa (véase Rut 1:6).

Esto subraya mi punto anterior de que nuestras decisiones no deberían ser una reacción o el reflejo a una prueba, ni deberían tomarse apresuradamente. Las cosas no siempre son lo que parecen.

Quienes enfrentaron las mismas pérdidas que Noemí en Belén (que significaba "casa de pan", hablando de provisión) se quedaron donde estaban, capearon la tormenta, y experimentaron restauración con pérdidas mínimas. Noemí, por otro lado, perdió lo que era más importante que la ganancia económica; perdió a su familia, su fuente de alegría y esperanza. También perdió su sensación de identidad. Ahora que ya no era una esposa o una madre, ¿quién era?

Por otro lado, mis elogios para ella. Encontró la valentía para reducir las pérdidas y regresar a casa. No permitió que el orgullo evitara que regresara para enfrentar a quienes había dejado atrás y que estaban en una posición mejor que ella. Obviamente, consideró sus opciones y escogió la correcta en medio de su tristeza. Solamente tenía dos opciones en ese momento: quedarse y morir, o moverse y vivir. Decidió vivir, aunque es posible que no sintiera eso. Tal vez pensó que, si tenía que morir, prefería morir en su tierra. No sabemos el razonamiento que hubo detrás de su decisión. Sí que tuvo la entereza y claridad mental para decirles a sus dos nueras que decidieron acompañarla que no habría ningún futuro para ellas en la tierra donde ella iba (véase Rut 1:11-13). Igual que ella había llegado a un entorno que era hostil a sus valores espirituales y ética social, ellas irían a una atmósfera poco acogedora donde no habría ninguna esperanza de que pudieran volver a casarse. Una de ellas, Orfa, decidió no seguir ese cambio y quedarse con lo que le era familiar. La otra, Rut, decidió ejercer sus opciones e ir con Noemí. *Ella estaba preparada para lo próximo.*

Cuando estamos quebrados, enfrentando pérdida y devastación, nuestra identidad es la que recibe el golpe más fuerte. Cuando

Noemí entró en la ciudad, quienes la conocían se emocionaron de verla. Preguntaron: *¿De verdad es Noemí?* (Rut 1:19). Ella les dijo que ya no la llamaran *Noemí,* que significa dulce o agradable, sino que la llamaran *Mara,* que significa amarga: *Porque el Todopoderoso me ha hecho la vida muy amarga. Me fui llena, pero el Señor me ha traído vacía a casa. ¿Por qué llamarme Noemí cuando el Señor me ha hecho sufrir y el Todopoderoso ha enviado semejante tragedia sobre mí?* (Rut 1:20-21).

Un momento. ¿Qué tenía que ver Dios con todo eso? ¿Acaso su familia y ella no se fueron debido a una carencia percibida? ¿Le había afligido el Señor... o sus propias decisiones dieron como resultado los acontecimientos que condujeron a su amargura y sensación de vacío?

VOLVER A COMENZAR

La primera parte de la recuperación de los errores y las pérdidas se encuentra en nuestra capacidad de *apropiarnos de nuestras cosas* a fin de poder evaluar no solo cómo avanzar, sino también qué evitar la próxima vez. Amargarnos pervierte nuestro juicio y presenta enemigos imaginarios en un escenario que se puede explicar con facilidad simplemente como una mala decisión.

No te flageles por eso. Tu humanidad te da permiso para tomar malas decisiones. Simplemente no te quedes ahí. Aprende de ellas y toma decisiones diferentes. El dolor puede ser tu amigo si se utiliza de modo constructivo y objetivo. Permite que te enseñe y te equipe con sabiduría. Ahora no es el momento de culpar a otros, culparte a ti mismo o culpar a Dios.

Recordemos que Dios nos da libre albedrío y no nos castiga por nuestras elecciones. Son nuestras decisiones las que nos recompensan o nos corrigen; no Dios. Habrá solamente un juicio al final de los tiempos antes del *próximo* definitivo: la eternidad,

La culpa es una distracción de las lecciones que podríamos aprender y del potencial crecimiento del carácter. Recuerda que tú también fuiste uno de los participantes en un resultado que has experimentado y del que culpaste a otra persona. Siempre hay algo que podemos aprender y una oportunidad de empoderarnos para discernir y aceptar lo *próximo*.

La amargura y la culpa son compañeras que pueden inutilizarte y paralizarte para que no avances. Pueden cegarte a lo *próximo* y convencerte de que la vida y tus circunstancias no tienen esperanza. Distorsionan tus opciones mediante una cortina de humo engañosa y agrandan tus debilidades para paralizarte. Recuerda lo siguiente: sin importar lo que hagas o experimentes, sigues siendo tú mismo. Como dice la frase: "¡Un revés no impide el progreso!".

Hecho. El ataque a tu mente siempre estará dirigido a tu identidad y tu autoestima. Es fundamental para todo lo que haces. Lo que sabes y crees acerca de ti mismo motivará todas tus decisiones. Te empoderará y alimentará tu fe para impulsarte o inutilizarte. También colocará en perspectiva lo que es verdaderamente importante y aclarará tu enfoque. Separará hechos y ficción. Te ayudará a decidir si te inclinas hacia un nuevo punto bajo o a comprender que eres mayor que cualquier cosa que enfrentes. Hay más esperándote a medida que decidas avanzar enérgicamente hacia lo *próximo*.

Tanto Job como Noemí tuvieron una crisis de identidad. También comprendieron que la vida no se resumía por el valor nominal de sus circunstancias sino por algo mucho más profundo: fe en Aquel que nos identifica sin importar cuál sea nuestro estado.

Lo *próximo* siempre te hará la siguiente pregunta: ¿quién eres tú? Tu respuesta determinará tu resultado.

Me resulta interesante que la marea cambió para Noemí y Rut cuando Noemí recordó quién era y lo que eso significaba. Estaba conectada con una familia poderosa y un hombre que podía redimirlas de su situación. Cuando dio instrucciones a Rut sobre cómo acceder a sus derechos de familia, su posición cambió (véase Rut 2:19-22). Noemí salió llena y regresó sin nada hacia un final feliz que parece sacado de un cuento de hadas y, sin embargo, era muy cierto. Su restauración fue más allá de lo que ella pudo imaginar cuando Rut se casó con el amable y acomodado Booz y dio a luz un hijo que llegaría a ser el abuelo de David, rey de Israel y que, a propósito, ¡resultó estar en la genealogía de Cristo! (véase Rut 4:13).

> *Entonces las mujeres del pueblo le dijeron a Noemí: «¡Alabado sea el Señor, que te ha dado ahora un redentor para tu familia! Que este niño sea famoso en Israel. Que él restaure tu juventud y te cuide en tu vejez. ¡Pues es el hijo de tu nuera que te ama y que te ha tratado mejor que siete hijos!». Entonces Noemí tomó al niño, lo abrazó contra su pecho y cuidó de él como si fuera su propio hijo. Las vecinas decían: «¡Por fin ahora Noemí tiene nuevamente un hijo!». Y le pusieron por nombre Obed. Él llegó a ser el padre de Isaí y abuelo de David.* (Rut 4:14-17)

La vida de Noemí, su alegría y su identidad fueron restauradas cuando ella invirtió en otra persona. Algunas veces nuestra identidad no se encuentra en lo que logramos, sino en el legado de quienes amamos y ayudamos. Esta es la restauración y satisfacción supremas.

CUANDO TODO CAMBIÓ

En medio de la crisis, no te desorientes olvidando quién eres. Es importante tener un plan y tener opciones. No te desvíes del curso por las alteraciones; míralas como oportunidades para redirigir tu camino y conseguir una mejor perspectiva. Muchas veces, la demora llega disfrazada de muerte. Mantente claro sobre lo que estás enfrentando.

CAMBIO DE MENTALIDAD

- ¿Quién eres tú?
- ¿Qué ha sucedido? ¿Cómo ha afectado eso tu sentido de identidad?
- ¿Dónde está la oportunidad en esto?
- ¿Qué mentira eres tentado a creer? ¿Cuál es la verdad de tu situación?
- ¿Cuáles son tus opciones para la restauración?

EN RETROSPECTIVA

Está bien darte permiso a ti mismo para hacer luto por la persona que *eras*. Sin embargo, ahora es el momento de descubrir a la persona que *puedes ser*: alguien incluso más grande. No te flageles por cualquier decisión que tomaste en el pasado. Reconoce que las cosas que hiciste entonces te sirvieron en esa temporada, toma las lecciones para avanzar, y mantente abierto a los cambios.

Plantéate esta pregunta: ¿qué aprendiste en la temporada pasada que puede servirte en esta temporada para llegar a ser una persona mejor y más fructífera?

LA PRÓXIMA ORACIÓN

> *La luz del Señor penetra el espíritu humano y pone al descubierto cada intención oculta.* (Proverbios 20:27)

Amado Padre celestial, a veces no soy consciente de la condición de mi propio corazón. Por qué hago lo que hago, no lo entiendo. Solamente tú puedes escudriñar lo más íntimo de mi ser y los motivos de mi corazón, y ayudarme a aceptar la verdad como una amiga. Entiendo que necesito ser sincero conmigo mismo y contigo para obtener la ayuda que necesito. Ayúdame a recibir la verdad en lugar de temerla. Ayúdame a no evitar mi propio reflejo, sino a mirarte a los ojos y ver lo que tú ves. Ayúdame a estar dispuesto a cavar más profundo para poder desarraigar las cosas en mí que obstaculizan mi progreso y evitan que experimente el avance que anhelo. Comprendo que mi mayor obstáculo soy yo mismo. Quiero renovar mi mente para que mi vida sea transformada. Háblame tus palabras de verdad, Señor. Recibo la claridad que tú traes, en el nombre de Cristo Jesús. Amén.

¿Qué verdad acerca de ti mismo necesitas enfrentar?

____

____

____

____

¿Cómo te ayudará a avanzar el reconocer la verdad?

____

____

____

____

Escribe una confesión de fe a continuación:

____

____

____

____

6

DA ESE PASO

¿Has sido alguna vez expulsado de tu zona de confort de un modo que alteró tu equilibrio? ¿Has sido una víctima involuntaria de un cambio repentino que estaba fuera de tu control? ¿Has sentido una sensación de urgencia para hacer cambios en tu vida debido a circunstancias insostenibles? ¿Estás viviendo bajo una nube de lamento y arrepentimiento por tomar la decisión equivocada? ¿Estás dudando del movimiento que hiciste? ¿Eres renuente a aceptar el cambio? ¿Te sientes paralizado y abrumado a medida que las cosas cambian a tu alrededor? ¡Buenas noticias! No estás solo.

Las personas responden al cambio de modo diferente. Algunos están dispuestos a dar el salto, sintiendo que cualquier movimiento es mejor que no moverse. Otros ven el cambio como una oportunidad para un nuevo inicio. Y hay otros que se quedan en el pasado incluso si el pasado no era deseable. No todo el mundo se siente cómodo con el cambio y, sin embargo, si esperas el tiempo suficiente, la vida te obligará a hacer movimientos que de otro modo no habrías hecho voluntariamente.

En mi propia vida, batallando para recuperarme tras los ataques del 11 de septiembre de 2001, una mala gestión en mi oficina causó que mi calendario ministerial se quedara en blanco y mis finanzas se agotaran. Pude recuperarme y volver a comenzar. Un nuevo equipo y un libro nuevo hicieron que volviera a ponerme de pie. Y justamente cuando pensaba que estaba en una buena racha, sucedió: una serie de puertas cerradas. Pérdidas económicas que condujeron a una ejecución hipotecaria de mi casa. Devolver al banco mi oficina. La muerte de mi papá. Como piezas de dominó cayendo en sucesión, la vida parecía estar derrumbándose a mi alrededor. Esta vez, no hubo una recuperación rápida. Yo no podía darle sentido a todo, y nadie podía darme una buena explicación de lo que estaba sucediendo; o mejor aún, lo que no estaba sucediendo. Otra lección: la misma solución no siempre funciona en las mismas circunstancias. Estar abierto a nuevas opciones es fundamental para tu progreso y tu capacidad de superar la dificultad. Yo levanté mis manos delante de Dios y dije: "Señor, ¿qué se supone que debo hacer?". Oí las palabras: ¡Mudarte a Ghana!". ¡¿Qué?! Eso no estaba en mi lista para la jubilación, mi lista de deseos, o mi lista de cosas por hacer antes de morir. No estaba en ninguna de las listas que yo tenía. Sin embargo, me sentía motivada. Tan motivada como los israelitas, que tras resistirse inicialmente al liderazgo de Moisés, se hartaron de las plagas en Egipto y estuvieron listos para irse cuando él dijo: "Nos vamos".

Admitiré que podría no haberme sentido tan inclinada a hacer eso si mis circunstancias hubieran sido diferentes. Si hubiera seguido corriendo a toda prisa y estando muy solicitada, podría haber puesto varias excusas para negociar con Dios sobre un movimiento tan drástico. De todos modos, ¿qué iba a hacer yo en Ghana? Siempre disfruté de mis visitas a ese país durante las vacaciones con mi papá, pero vivir allá de modo permanente nunca se me había pasado por la mente. Y, sin embargo, seguí lo que Dios había indicado. Sin duda, era un movimiento como el de Abraham. Yo no sabía lo que me esperaba; simplemente me moví en fe.

¿Lo he lamentado? De ninguna manera. ¿Esperaba que mis sueños se cumplieran allí? En absoluto. Sin embargo, diría que Dios tiene un sentido del humor caprichoso, que dice: *Quiero ver si te atreves,* y que va en contra de nuestro intelecto para demostrar su soberanía y su capacidad de hacer que prosperemos a pesar de nosotros mismos.

EL PODER DE LA OBEDIENCIA

Tres semanas después de sentir esa indicación, todos mis bienes terrenales estaban en un contenedor flotando por el océano mientras yo iba en un avión con mis tres perritos de raza Shih Tzu con dirección a Ghana. Aunque visito con frecuencia los Estados Unidos, nunca he mirado atrás en el sentido de querer volver a vivir en ese país. Varios de mis sueños se han hecho realidad en Ghana. Descubrí cosas sobre mí misma, estirándome y creciendo de maneras que nunca habría esperado. Soy más rica por la experiencia. He cultivado nuevas habilidades que han mejorado mi capacidad de tener un impacto positivo en las vidas de muchos de varias maneras poco ortodoxas. Cosas que habían estado latentes en mí cobraron nueva vida, produciéndome una satisfacción tremenda. ¿Quién sabía que algo bueno podría salir de todas esas pérdidas que parecían tan devastadoras en aquel momento? Admito que yo no lo sabía, ¡pero parece que Dios sí lo sabía!

Creo que hay muchas personas como yo que se encuentran entre la espada y la pared. Algunas veces, el molde en el que nos encontramos está en nuestra propia mente, pero otras veces es la vida la que nos acorrala y no vemos el modo de salir. Es difícil imaginar otras opciones más allá de las que nos resultan familiares. Literalmente, se necesita una fe ciega para dar el salto y confiar en que la bondad de Dios nos agarrará.

Como observamos en el capítulo anterior, Rut (la nuera de Noemí) no sabía cuál sería su *próximo* paso. Tras la muerte de su esposo, su suegro y su cuñado, decidió hacer una jugada basándose en lo que ella *sí* conocía: la relación que tenía con su suegra. Cuando Noemí decidió irse de Moab y regresar a Belén, Rut decidió acompañarla. Orfa, su cuñada, tras la revelación de que no habría esposos para ellas en el lugar donde iba Noemí, decidió quedarse en Moab. Cuando pretendes salvar tu vida, la pierdes. No sabemos nada más sobre Orfa; se desvaneció en el anonimato. Rut, sin embargo, no se detendría. Decidió que donde estaban viviendo ya no le servía. En cambio, su futuro estaría determinado por la relación que mantenía con Noemí, el pueblo de Noemí, su Dios, y también donde se posicionó. Rut no se amargó debido a sus pérdidas; estaba abierta a las posibilidades sin fin, a pesar de que Noemí pintó un escenario sin esperanza. Ella creía que había algo más allá de donde estaba en el presente, y estuvo dispuesta a dejar atrás el pasado y dar un paso adelante hacia algo nuevo.

Aunque sabía que su pueblo (los moabitas) eran considerados enemigos de los israelitas, Rut confió en que su carácter y su sabiduría hablarían más alto que su identidad, y decidió moverse no solo físicamente sino también espiritualmente. Soltó todo lo familiar, y el resto es historia. Pasó de ser un *enemigo* en una sociedad que era hostil a su pueblo, a convertirse en la venerada bisabuela de David, el rey de Israel, y entrar en la genealogía de Cristo. Un movimiento que no fue solamente un paso lejos de la pérdida sino también un paso hacia un legado fenomenal.

¿Quién sabe qué te espera cuando decidas dar el paso hacia lo *próximo*? A veces, el camino no se revela hasta que das el primer paso, y entonces das otro, y otro. Como el personaje de Harrison Ford en la película *En busca del arca perdida*,[3] en ocasiones lo que necesitas para sostener tus pasos no aparecerá hasta que des un paso de fe.

---

3. *En busca del arca perdida*, dirigida por Steven Spielberg (1982; Paramount Pictures).

EL FUTURO TE ESPERA

No tenía ni idea de lo que haría cuando llegara a Ghana, a excepción de algunas cosas obvias que ya estaban listas. A medida que pasaba el tiempo, desapareció el motivo por el que pensé que me había mudado, ¡y se me presentaron nuevas oportunidades con las que solo había soñado en el pasado!

Algunas cosas no podemos averiguarlas con antelación. ¡Debemos atrevernos a dar el paso! Cuando la vida te acorrale y parezca que no tienes opciones, ¡debes creer que todavía hay una siguiente oportunidad! Toma tiempo para acallar tu alma, escuchar esa voz suave en tu interior que te impulsa a caminar hacia lo que tal vez no sea obvio, y confía en que Dios te dirigirá y te sostendrá a medida que sigues su dirección. La paz será tu confirmación, incluso cuando otras personas puede que no estén de acuerdo con el camino que tomas.

Tengo que decir que mis amigas pensaban que me había vuelto loca cuando anuncié que me mudaba. Sin embargo, yo sabía en lo profundo de mi alma que era lo que tenía que hacer. Proseguí y dejé atrás la resistencia y, como dice la frase, los demás lo entenderían *tarde o temprano*; pero, inicialmente, fueron difíciles de convencer.

Qué sorpresa que Orfa (la cuñada de Rut) regresara a su casa. Su fe no estaba en el mismo nivel que la de Rut; además, su enfoque era diferente. A ella le agradaba lo que le resultaba familiar y, obviamente, casarse otra vez estaba en lo más alto de su lista de prioridades desde que le dijeron que no habría posibilidades en el lugar donde iba.

Rut quería más. Quería una vida nueva, un Dios nuevo, y experiencias nuevas. En Moab, ella ya había estado en esa situación y había hecho eso. Estaba preparada para la aventura, y también tenía una relación comprometida con Noemí.

Nunca sabes dónde te llevarán tus relaciones y posicionamientos. La comunidad es importante. Las relaciones y los sistemas de apoyo son importantes. La geografía también es importante. Los más cercanos a ti tendrán un efecto muy importante en donde te encuentres.

Noemí y Rut parecían tener una relación inusualmente cercana; tan cercana, que Rut escogió dejar su zona de confort para entrar en lo desconocido, ¡y acompañar a su suegra a un lugar que no se veía prometedor! Sin embargo, estuvo dispuesta a tomar el riesgo. El destino le estaba esperando al otro lado.

Tu *próximo* también te está esperando.

Hecho. Dicen que la necesidad agudiza el ingenio, pero yo creo que es también el catalizador para el cambio. Hasta que el dolor de quedarnos igual sea mayor que el dolor del cambio, no cambiaremos. Sí, incluso cuando el cambio es deseado, inicialmente puede ser doloroso. Y aterrador. Requiere dejar atrás las reservas que tengamos, y no necesitar tener la respuesta a todas las preguntas. Demanda que acorralemos nuestra imaginación, separando los hechos de la ficción y formando una estrategia hasta lo mejor de nuestra capacidad, basada en la cantidad de información que tenemos en el presente. Por eso se llama el *camino de la fe*. Caminar por fe puede ser una gran aventura. Depende de cómo miremos esos momentos en los que seamos motivados a lanzarnos a lo desconocido.

Pienso en otra mujer atrevida en la Biblia, una prostituta y posadera llamada Rahab. Cansada de su vida y sabiendo que Israel iba a atacar su ciudad de Jericó, no vio otra salida.

¿Qué haces cuando te sientes atascado? ¿Y cuando careces del apoyo que necesitas para hacer un cambio? ¿Y si tu modo de vida es lo único que conoces… y sin embargo hay un deseo que arde en tu interior de algo más, algo distinto?

TOMAR EL RIESGO

Rahab pudo discernir una ventana de oportunidad. Un día, dos desconocidos aparecieron en su puerta; ¡extranjeros que planeaban una toma hostil de su ciudad! Mientras que todos los demás en Jericó se escondieron con temor a su destino inminente, Rahab miró más allá del presente para ver cómo podía beneficiarle la situación (véase Josué 2:3-15). Decidió ser una vencedora en lugar de ser una víctima. Buscó la ruta de escape de ese fin desastroso. Tomó un riesgo. Formó una nueva alianza. Su relación con esos dos espías israelitas tenía todo que ver con su *próximo*. Los ayudaría a escapar si ellos estaban de acuerdo en ayudarles a ella y su familia a escapar de la aniquilación. Eso fue admirable, ya que se hizo en un momento en el que el primer instinto normalmente sería la autopreservación: que cada hombre y mujer cuidara de sí mismo.

Pero Rahab, alguien cuyo trabajo no reflejaba un compromiso con las relaciones, fue quien se comprometió más que la mayoría. Tal vez debido a su trabajo se sentía aislada y, por lo tanto, agradecía más su sistema de apoyo. ¿Quién sabe? Probablemente ella ayudaba a sostener a su familia con sus ingresos. Era una prostituta de lujo que tenía una clientela poderosa y acomodada. Estaba claro que sus clientes eran de máximo nivel: políticos, personas en puestos elevados. Su casa estaba ubicada en la muralla de la ciudad. El rey de Jericó la conocía (véase Josué 2:3). El dinero era bueno, pero la vida no lo era. Ahora era el momento de que pudiera aprovechar la oportunidad para pasar a lo *próximo*.

Aunque Salomón dijo: *Una fiesta da alegría; un buen vino, felicidad;* ***¡y el dinero lo da todo!*** (Eclesiastés 10:19), Rahab sabía que la paz no se puede comprar. Su modo de vida le dejaba con un vacío en su alma que ninguna ganancia material podía llenar. Ella vio la oportunidad de un nuevo comienzo, y literalmente dio un salto de fe, aunque eso puso en riesgo su propia vida. Tomó el riesgo de desafiar al rey y sus oficiales para esconder a los espías y ayudarlos a escapar. Tal vez había llegado a comprender que ella meramente estaba existiendo y que esa no era la vida que quería tener. Con el corazón en la garganta, evadió las preguntas de quienes llegaron buscando a los espías. Comprendió que era cuestión de vida o muerte. Decidió entregar su vida para salvarla. Y vaya vida que tenía.

Cuando la ciudad fue tomada, Rahab y su familia fueron rescatados, tal como los espías habían prometido (véase Josué 6:22-23). Ese fue el inicio de una vida totalmente nueva, una vida en la que se casaría con un hombre llamado Salmón y tendría un hijo llamado Booz. Booz también se casó con una extranjera, y se convirtieron en los bisabuelos de David, el rey de Israel. ¿Quién habría soñado alguna vez con que ese sería el final de una historia que comenzó sin ninguna esperanza? ¿Imaginaba Rahab que lo *próximo* sería tan glorioso? No creo que lo hiciera.

Cuando nos atrevemos a dar un paso de fe, Dios siempre se encontrará con nosotros al otro lado. Viene a mi mente la frase "por encima y más allá de lo que podrías imaginar". Siempre pensamos más pequeño que las posibilidades reales. La diferencia entre quienes sueñan y quienes ven sus sueños hechos realidad es la acción: hacer algo que te impulse más allá de lo que deseas.

Cuando pensamos en personas como Elon Musk, Steve Jobs o Mark Zuckerberg, o en personajes bíblicos como Abraham y Noé, viene a mi mente la palabra *atrevido*. Ante el escepticismo o la falta de referencia, estas personas se atrevieron a soñar con mañanas muy diferentes y a dar pasos para implementar lo que imaginaron a pesar de la oposición, la resistencia, o incluso el elemento más importante de avanzar hacia lo desconocido. Sin embargo, sus vidas y sus logros hablan por sí mismos. Han dejado su huella en la sociedad y han cimentado legados transformadores que han afectado a las masas. La diferencia entre ellos y tú es estar dispuesto a tomar un riesgo, creyendo en lo que sueñas.

Rahab sopesó sus opciones: nada... o algo nuevo. No sabía lo que era lo nuevo, pero era mejor que nada.

Seas aventurero o no lo seas, salir de lo viejo para abrazar el cambio en tu vida requiere valentía y pasión. Cuando llegas al punto en el que no tienes nada que perder, gózate, porque es entonces cuando descubrirás que tienes todo que ganar. Cuando estés literalmente contra la pared, y parece que no hay ninguna otra opción, emociónate. ¡Lo *próximo* se acerca!

CUANDO TODO CAMBIÓ

Cuando estás harto de estar harto, eso puede conducir a un lugar de resignación y apatía que inhibe tu resolución y te roba la energía necesaria para salir de tus circunstancias. La mujer embarazada debe dar ese último empuje para poder dar a luz una nueva vida.

CAMBIO DE MENTALIDAD

- ¿Qué debe suceder para que te muevas?
- ¿Qué temores albergas acerca de avanzar? ¿Son verdad?
- ¿Cuáles son tus opciones?
- ¿Qué quieres realmente?
- ¿Qué necesitas hacer para lograr lo que quieres?

EN RETROSPECTIVA

Muy pocas personas avanzan hacia el cambio de inmediato. Por lo general, el catalizador del cambio va precedido por agitación, dolor, enojo o carencia. Nuestras emociones pueden paralizarnos o impulsarnos. Es importante examinar cómo te sientes acerca de dónde estás y definir lo que eso significa. Sé sincero contigo mismo con respecto a tus vulnerabilidades y capacidades. Sopesa tus opciones y consigue ayuda para formular un plan.

Plantéate esta pregunta: ¿qué es lo que realmente te retiene para que no hagas el movimiento que necesitas hacer? ¿Qué sucedería si las cosas permanecieran igual?

LA PRÓXIMA ORACIÓN

> *Sigo avanzando hacia la meta para ganar el premio que Dios ofrece mediante su llamamiento celestial en Cristo Jesús.*
>
> (Filipenses 3:14, NVI)

Amado Padre celestial, será necesaria una fortaleza sobrenatural para moverme de donde estoy. Me siento muy arraigado al lugar donde estoy ahora, y siento que soy incapaz de moverme. No hay viento en mis velas, y me esfuerzo solo por seguir respirando. Sé que, con tu ayuda, puedo sobreponerme a cómo me siento ahora. Al escoger caminar por fe y no por vista, ayúdame a recuperar la fortaleza que necesito para obtener el impulso que necesito y así dejar atrás este lugar donde me encuentro. Ayúdame a utilizar anteojos que vean solamente lo que me espera. Ayúdame a bloquear toda distracción, incluyendo mi pasado y mi dolor. Devuélveme el gozo de vivir. Ayúdame a no amargarme, sino a mejorar. Avívame y ayúdame a ver la luz al final del túnel y correr hacia ella. Sé que hay más esperándome; sin embargo, mi fe flaquea a la luz de donde estoy ahora. Ayúdame en medio de mi incredulidad, en el nombre de Cristo Jesús. Amén.

¿Qué te está robando tu gozo y fortaleza?

____

____

____

____

¿Dónde debería estar tu enfoque en este momento?

____

____

____

____

Escribe una confesión de fe a continuación:

____

____

____

____

PRIMAVERA

Cuando la esperanza comienza a surgir (las flores florecen, los pájaros cantan), anuncia consigo nueva vida y nuevos comienzos, un borrón y cuenta nueva. Hasta el aire huele diferente. Es el momento de la renovación, el renacimiento y un nuevo crecimiento. Para el cristiano significa el comienzo de la temporada de resurrección.

Para muchos, el significado espiritual de la primavera es importante: es un tiempo de fertilidad y nuevos nacimientos. Ahora ya comienzas a ver destellos de esperanza y una nueva temporada en tu vida. Los días son más largos, el sol brilla con fuerza y calienta más, y las brisas frescas nos envuelven con el aroma embriagador de plantas y árboles que están floreciendo. Se puede oler un avivamiento literal de todo lo que murió en el invierno. Aquellos días grises quedaron atrás, y los rayos dorados de la primavera nos brindan nueva energía, nuevas ideas y una fe renovada.

Sí, Dios hace nuevas todas las cosas. Él es fiel y nos concede un alivio de las pruebas y las dificultades de la vida. Es el momento de recuperar el aliento, de recuperar fuerzas para continuar. La primavera es, literalmente, la coma entre las estaciones de nuestra vida; el descanso en medio de la canción que nos da fuerzas para continuar con la danza de la vida. Nos deja ver un destello de lo que está por llegar.

Es lógico que celebremos la Pascua en primavera, conmemorando la resurrección de Jesucristo. Proclamamos: "Él ha resucitado; ciertamente Él ha resucitado". Y, con Él, también han resucitado nuestros sueños, nuestras esperanzas y los deseos que albergamos. Cuando la naturaleza murió, también lo hizo Él; ambos han regresado a la vida, sugiriendo que la muerte no es permanente sino transitoria. Esto nunca se acaba *definitivamente*. ¡Vamos de vida en vida!

Igual que una semilla debe morir para producir fruto, nuestros sueños mueren por un tiempo. En el ciclo espiritual, el sueño muere tres veces antes de cumplirse, y a medida que la raíz de lo que anhelamos y soñamos profundiza cada vez más en nuestros corazones, encuentra un fundamento firme al que aferrarse. Mientras más elevado y más grande sea el sueño, más profundo deben viajar las raíces y más tiempo tardará en brotar en la superficie. Pero, ah, cuando llega el momento, ¡nada puede impedir que produzca un fruto glorioso que alimentará a muchos!

Cualquier sueño que valga la pena bendecirá a muchas otras personas. Por lo tanto, debe estar firmemente arraigado para poder soportar los jalones de otros que se abalanzarán sobre lo que tienes para ofrecer. Si no tiene raíces profundas, las adquisiciones importantes, la fama y el ascenso siempre te prepararán para el desastre.

Nuestro carácter se encuentra en nuestras raíces; es lo que somos cuando nadie está mirando, a la espera de que tengamos una audiencia para ser revelado.

Aunque parece que durante el invierno no está ocurriendo nada, puedes tener por seguro que bajo la superficie están pasando muchas cosas, y la primavera se acerca con toda su gloria revelando el crecimiento que se ha producido en lo secreto.

La atmósfera cambia, literalmente. El silencio del invierno da paso a los sonidos de celebración de la naturaleza y la humanidad. Las personas caminan con un poco más de brío en sus pasos, y las actividades comienzan a acelerarse. Al igual que los osos y otros animales salen de su hibernación, las personas también lo hacen. Aquellos que viajaron a climas más cálidos para escapar del frío regresan, y algunos animales cambian de color para camuflarse con sus hábitats y tener una mayor protección. Los granjeros plantan sus semillas en preparación para la cosecha de verano. Comienza a caer la lluvia, limpiando la tierra y dándole un acabado brillante mientras riega las semillas que se han sembrado.

En algunos casos, la primavera anuncia una temporada de cambios bruscos de tiempo y tormentas que se llevan por delante cualquier cosa que no esté firmemente anclada o tenga raíces profundas, dejando a las víctimas devastadas y obligándolas a comenzar de nuevo y enfrentarse a las pérdidas.

Aun así, para la mayoría es una temporada de alegría. Nos quitamos los abrigos. Comienzan a aparecer colores. Todo se vuelve vibrante y vivo. La atmósfera cambia. Las personas se sienten con más energía. Se lanzan nuevos proyectos. El amor está en el aire, el romance florece, y existe una expectativa entusiasta de un mañana mejor. La esperanza es el centro de todo. Es como una mirada a lo eterno.

El difunto comediante Robin Williams dijo: "La primavera es el modo que tiene la naturaleza de decir: '¡Hagamos una fiesta!'".

Creo que la mayoría de nosotros tenemos cosas buenas que decir sobre la primavera. El profeta Zacarías escribió:

> *Pidan al Señor lluvia en la primavera, porque él forma las nubes de la tempestad. Y él mandará abundante lluvia de modo que cada campo se convierta en un buen pastizal.*
>
> (Zacarías 10:1)

Mientras analizas tu propia vida, disfruta del aroma de los nuevos comienzos. Esos sueños latentes y las decepciones del pasado son abono para las semillas que han sido plantadas en tu corazón. Todas las temporadas tienen fecha de caducidad. En el momento perfecto, el momento señalado, eso también se cumplirá. Una nueva vida espera. La cosecha llegará; es inevitable si sigues plantando, regando, alimentándolo y esperándolo. Entender la temporada y su propósito es imprescindible. Si observas de cerca, verás que la tierra comienza a removerse para dar paso a la productividad. Solo sé consciente de que, a medida que tus sueños se cumplen, ¡seguirá habiendo un *próximo* paso!

Evalúa el momento en el que estás ahora para ver las cosas con claridad:

- ¿En qué temporada estás? ¿Cuál es el propósito de esta temporada?
- ¿Qué semillas has plantado? ¿De qué maneras te has preparado para la cosecha?
- ¿Qué has aprendido de ti mismo al esperar que tu deseo se cumpla?
- ¿Qué tiene que cambiar en tu mentalidad para que tu visión encaje?

La primavera es el preámbulo del verano, que es cuando todo lo que has esperado y por lo que has trabajado se hace realidad y alcanza su plenitud. Esa temporada tiene sus propios asuntos que atender. Debemos recordar que algunas flores que hermosean el paisaje en la primavera, como los tulipanes, no sobreviven al verano. En una ocasión asistí al Festival del Tulipán en Holanda, Michigan, donde el esplendor de las flores y su belleza era un espectáculo digno de admirar. Qué lástima que los tulipanes no tienen la capacidad ni la constitución como para sobrevivir al verano, por lo que se plantan otras cosas que tomen su lugar.

Debemos conocer no solo las temporadas, sino también los elementos (personas y cosas) que son temporales en nuestras vidas. No todas las cosas tienen que durar toda la vida; algunas duran solo una temporada. Cuando entendemos esto, obtenemos la capacidad de dejar ir a personas y cosas con gratitud y alegría, porque su partida hace espacio para lo *próximo*. Sin considerar cómo lo procesemos, siempre hay un *próximo* paso.

> *Las* ***cosas*** *pasadas se han cumplido y ahora anuncio* ***cosas nuevas****; las anuncio antes que sucedan.* (Isaías 42:9, NVI)

7

MIRA HACIA ARRIBA

La distracción es uno de los obstáculos que más nos frenan para alcanzar lo *próximo* en nuestras vidas. Lo más precioso de la naturaleza es que la tierra es plenamente consciente de lo que tiene que ocurrir en momentos concretos a fin de completar la misión de esa temporada. La primavera es el nacimiento de cosas nuevas, producción, productividad, y llevar la vida al siguiente nivel. Las características de la estación no cambian. Las estaciones continúan, aunque haya cambios drásticos en el clima. En invierno sigue nevando, en otoño las hojas se siguen cayendo, y en la primavera siguen floreciendo las plantas. En los trópicos sigue lloviendo durante la época de lluvias. El ciclo de la vida impulsa cada estación hacia el siguiente movimiento.

La productividad de las cosechas requiere crecimiento, una poda dolorosa, y el posterior resurgimiento. Las pruebas, dificultades, y sí, hasta la muerte de ciertas cosas en nuestras vidas deberían llenarnos de energía en lugar de agotarnos. La poda se ve dolorosa y fea, ¡pero hace que la fruta después sea más rica, más exuberante y más dulce! Es ahí donde cavamos más hondo, peleamos para sobrevivir y florecemos mientras seguimos enfocados en el sol, la promesa de días mejores, y el cumplimiento de sueños y deseos latentes. Todas las flores y los árboles se esfuerzan por estar de cara al sol. Incluso después de la lluvia, su postura es la de mirar hacia arriba. Los girasoles, en particular, miran al este para estar de cara al sol cuando sale en la estación de la primavera, y sus cabezas se mueven para absorber sus rayos a lo largo del día.

Hecho. La naturaleza no se rinde ante los elementos; las plantas crecen a pesar de ellos. Resurgen con más fuerza, produciendo fruta más rica y jugosa en respuesta a la purga de la mano del jardinero o las adversidades.

¿Cuál es tu postura cuando te encuentras con el cambio o la calamidad? ¿Te haces pequeño? ¿Miras hacia abajo? ¿Miras hacia arriba? ¿Miras alrededor? ¿Te distraes con facilidad y te desvías del rumbo? ¿Dónde está tu enfoque? ¿Qué crees cuando las cosas se descarrilan en tu vida? ¿Sigues siendo capaz de enfocarte en el cuadro más amplio? ¿Sigues siendo capaz de visualizar hacia dónde te dirigías y ver lo que quieres ver delante de ti? ¿Te desvías del camino o eres capaz de sobreponerte y continuar?

La resiliencia es necesaria en momentos críticos de cambio. Creo que el secreto está en no aferrarse demasiado a nada. Ser capaz de no tomarse la vida demasiado en serio deja espacio para el cambio y la reestructuración sin que haya trauma. Si vas montado en un autobús que se detiene repentinamente, es muy probable que te caigas si tus rodillas están rígidas; pero, si estás relajado, no te afectará tanto y recuperarás tu posición. Así es como deberías enfocar la vida para poder mantenerte de pie si las circunstancias intentan tumbarte.

Cuando desarrollamos una dependencia de algo, tenemos un sentimiento enorme de pérdida y también de sentirnos perdidos cuando eso ya no está. Pero la vida sigue. Mientras sigas aquí, continuarás lleno de propósito. Lo *próximo* y tu destino te esperan al otro lado de tu ruptura.

DISCERNIR LOS TIEMPOS

Elías fue un profeta poderoso que tenía a un aprendiz prometedor, Eliseo, entre sus pupilos. Cuando sintió que había llegado su momento de marchar, Elías partió siguiendo la guía de Dios, y le dijo a Eliseo que se quedara atrás. Eliseo, sin embargo, percibió lo que estaba a punto de ocurrir y se negó a separarse de su mentor (véase 2 Reyes 2:1-7). Por tres veces, Elías intentó disuadir a Eliseo para que no lo acompañara, pero este se negó a retirarse o desviarse de su camino.

De entre la compañía de profetas, algunos comenzaron a dar su opinión para distraer a Eliseo, preguntándole: *¿Sabes que hoy el Señor va a quitarte a tu maestro?* (v. 5, NVI). La respuesta de Eliseo fue contundente: *Lo sé muy bien; ¡cállense!*

Elías le dijo a Eliseo: *Quédate aquí, pues el Señor me ha enviado…* primero a Jericó, después a Betel, y finalmente al río Jordán (2 Reyes 2:2, 4,6). Cada una de las veces, Eliseo respondió: *Tan cierto como que el Señor y tú viven, te juro que no te dejaré solo.*

¿Por qué te cuento esta historia? Porque muestra muy claramente los principios que deberían gobernar las transiciones a las nuevas temporadas (tu primavera personal).

En primer lugar, debes tener una visión clara de qué quieres y hacia dónde vas. Elías sabía que su tiempo había terminado y era hora de pasar el bastón. Eliseo quería una doble porción de la unción de Elías y estaba decidido a seguirlo hasta conseguirla (véase 2 Reyes 2:9). Tres veces se le presentó la oportunidad de darse media vuelta y regresar, y tres veces hubo personas que quisieron distraer a Eliseo de su misión (véase 2 Reyes 2:3, 5). Habrá personas que llegarán para preguntarte por qué persistes en tu misión. Por lo general, esto suele aumentar mientras más te acerques a tu meta. A todo el mundo le encanta sentarse contigo y sentir lástima por ti cuando estás viviendo tu invierno y parece que no está ocurriendo nada, porque en su vida tampoco está ocurriendo nada. Está claro que a la tristeza le encanta tener compañía.

Aquellos que estaban tumbados en los alrededores del estanque de Betesda sin esperanza de recuperarse, se apoyaban mutuamente en su inmovilidad. Hizo falta que llegara Jesús y cambiara la mentalidad de uno de los inválidos que había estado tumbado allí por treinta y ocho años para que se pusiera de pie y caminara (véase Juan 5:2-9). Él no sabía que eso era posible hasta que alguien habló más fuerte que las voces que validaban sus pensamientos de que la vida siempre sería más de lo mismo, y que seguiría estando quebrado y paralizado. Pero todo cambió en un momento cuando se produjo una alteración divina.

Tu entorno y tu red de apoyo son clave para tu habilidad de florecer y desarrollarte. Sí, mientras más te acerques a la primavera, más fuerte hablarán las voces de la duda y la confusión, pero sigue mirando hacia arriba. Mantén los ojos en el premio. ¡Llega ya la primavera! Si estás en el camino correcto, experimentarás las últimas ráfagas de viento frío disfrazadas de detractores y confusión, pero debes sacudirte las dudas y las distracciones igual que Jesús, quien por el gozo que le esperaba aguantó el viaje y no se distrajo ni se desvió de su misión (véase Hebreos 12:2). ¡Sí! Hace falta enfoque.

Hecho. Siempre habrá distracciones. Terminar lo que comenzaste es opcional, pero está en tu capacidad poder hacerlo. Lo único que hace falta es tomar una decisión.

Eliseo no perdió el enfoque mientras la compañía de profetas se juntaba para cuestionar por qué todavía seguía a Elías. Elías le había dicho a Eliseo que, si estaba mirando cuando él fuera arrebatado al cielo, podría tener una doble porción de su unción (véase 2 Reyes 2:9-10).

¿Cuál es el principio que aprendemos de esto? Puedes tener lo que ves, lo que imaginas, ¡y lo que es real para ti! Tu cuerpo y tus acciones seguirán el camino que marque tu enfoque. Si lo que buscas es cambio, si es otro nivel de vida, o anhelas un nuevo comienzo, debes enfocarte sin dejar espacio para las distracciones. La indecisión no te llevará a ningún lugar. Dudar de ti mismo te detendrá en tu caminar y obstaculizará tu progreso. Sigue–Mirando–Arriba.

SIN DESVÍOS

A pesar de las voces que podían haber causado que se rindiera en su misión y pensara que su objetivo era imposible, Eliseo no apartó los ojos de la meta. Y la consiguió. Vio "*un carro de fuego, tirado por caballos de fuego ...y Elías fue llevado al cielo por un torbellino*" (2 Reyes 2:11). Eliseo grabó aquel momento en su mente y en su corazón; la verdad de que ser arrebatado era posible resonó en su alma. Vio su *próximo* paso claramente; agarró la capa de Elías y recibió la unción que quería. Pasó del invierno a la primavera en ese momento; el ascenso llegó rápidamente.

Sí, la primavera tiene esta particularidad de llegar repentinamente. Después de esperar que el clima de nuestras vidas cambie, pasamos de un lienzo en blanco a un sinnúmero de actividades hermosas. La diferencia entre la tierra y nosotros es que la tierra espera con ansias la primavera y está completamente preparada para recibir toda la nueva vida que llega con ella. Las flores están preparadas para luchar por el derecho a florecer; hay algo en su ADN que hace que empujen la tierra, crezcan y aparezcan con toda su gloria. Después de ser azotadas por las lluvias primaverales y las tormentas más severas que pueden llegar a hacerlas perder sus primeros pétalos, se quedan postradas, pero no derrotadas. Florecen de nuevo con una corona todavía más magnífica.

¿Y tú? También está en tu ADN, tanto espiritual como físicamente, seguir adelante en medio del caos. El abono que fertiliza nuestras ideas y los deseos de nuestro corazón para que crezcan a pesar de la lluvia y las tormentas que nos retan y asaltan, es ese caos. En ocasiones parecerá que has perdido tu gloria pasada o tu capacidad para florecer y brillar, pero habrá algo dentro de ti que se niegue a rendirse. Síguelo. Estírate. Grita. Incluso descansa por un tiempo, pero asegúrate de levantarte del suelo, sacudirte el polvo, y proponerte crecer y florecer. Fuiste creado para ello, ¡y no puedes negar lo que Aquel que te creó con amor puso en tu interior! Él sabía lo que te encontrarías en cada giro en el camino y en cada temporada, y te ha equipado para el viaje. Por lo tanto, no te distraigas; enfócate y sigue adelante.

Los israelitas tuvieron que seguir a una nube durante el día y una columna de fuego durante la noche para llegar a la tierra prometida (véase Éxodo 13:21). Tuvieron que seguir mirando hacia arriba para alcanzar lo *próximo*. Cuando Pedro miró abajo mientras caminaba sobre el agua para llegar hasta Jesús, comenzó a hundirse y casi se ahoga (véase Mateo 14:28-31). Un pescador que estaba acostumbrado a las tormentas y sabía nadar, se vio abrumado por algo más fuerte que su conocimiento y su experiencia. El miedo casi acaba con él porque no continuó mirando hacia arriba.

DOLORES DEL CRECIMIENTO

Las flores, al voltear su rostro hacia el sol y estirarse hacia el cielo, reciben crecimiento y gloria. La primavera es la estación del crecimiento, pero no todo el crecimiento es cómodo. Algunas cosas deben caerse para hacer espacio a algo mejor; es como una especie de purga.

Debes rechazar las cosas y las personas que parecen ser aceptables, pero en realidad están estancando tu crecimiento y obstaculizando tu capacidad de producir más fruto. En ocasiones, estirarte más allá de tu zona de confort y de las limitaciones a las que te has acostumbrado puede llenarte de temor. Aparta tus ojos de tus habilidades limitadas y las preguntas internas que no te hacen ningún bien. Por fe, sigue mirando hacia arriba sin quitar los ojos de tu sueño.

Mirar hacia arriba no es solo una frase figurada; también describe un estado mental. Habla de optimismo y expectativa. Mirar hacia arriba no se trata solamente de una postura física; también es espiritual y mental. Mirar hacia arriba es tener una actitud de fe, creyendo en las posibilidades infinitas que te esperan en todas las áreas de tu vida. Mirar hacia arriba es una postura que requiere que hagas tu parte sin importar lo que digan los demás, cómo te sientas, o incluso lo que ves con tus ojos en el momento. Significa ver más allá de donde estás: a dónde quieres estar. Se trata de llamar a las cosas que no son como si fueran, utilizando el poder creativo de tu Padre celestial para declarar que las cosas que Él ha puesto en tu corazón se cumplen (ver Romanos 4:17). Tus acciones seguirán el ejemplo de tus palabras, creando las condiciones necesarias para que tu visión se haga realidad. Se trata de poner la mira en cosas más altas, como esa promoción, ese cambio que necesitas, esa mejor relación, o ese estado de abundancia financiera que te libera para poder dar con generosidad a otros mientras estás económicamente seguro.

Es posible. No está lejos, pero debes atravesar el proceso para alcanzarlo. Tienes que estar lo suficientemente decidido para abrirte camino en la tierra árida. Tienes que aguantar en medio de la lluvia y las tormentas. ¡No dejes que estas cosas te desalienten de crecer, florecer y fortalecerte! ¡Mira hacia arriba! ¡El sol brilla y te está llamando hacia lo *próximo*!

CUANDO TODO CAMBIÓ

Cuando has pasado por una temporada de monotonía y la calma se ve perturbada por la alteración, es el momento de emocionarte. Ha llegado la temporada de los nuevos nacimientos. Una mujer que está de parto quiere rendirse antes del último empujón, pero ese es el momento de darlo todo. Lo mismo es cierto en tu caso. Ábrete paso en medio de la tierra árida. Estírate. Crece. Mantente abierto a las cosas nuevas que irán naciendo y abraza tu nuevo comienzo. ¡Esto es lo *próximo* que has estado esperando!

CAMBIO DE MENTALIDAD

- ¿Qué barreras crees que tienes que romper?
- ¿Qué crees que te ha estado reteniendo antes?
- ¿En qué necesitas enfocarte ahora mismo?
- ¿Qué tienes que hacer ahora?
- ¿Cómo has estado creciendo durante este tiempo?

EN RETROSPECTIVA

Las barreras y las tormentas no son un *no*, sino instrumentos que Dios usa para ayudarte a desarrollar los músculos que sostendrán lo *próximo* que llegue. Recibe las lecciones, disfruta del proceso y cosecha la recompensa. Plantéate esta pregunta: ¿qué otra opción tienes si no persigues tu sueño?

LA PRÓXIMA ORACIÓN

Apartando la mirada de todo lo que nos distrae y enfocándonos en Jesús, que es el autor y consumador de nuestra fe (el primer incentivo de nuestras creencias y el que hace madurar nuestra fe), que por el gozo de cumplir la meta que tenía delante soportó la cruz, dejando a un lado la vergüenza, y se sentó a la diestra del trono de Dios revelando así su deidad, autoridad y su obra completada.

(Hebreos 12:2, AMP, traducción libre)

Amado Padre celestial, lo que está ocurriendo a mi alrededor me distrae. He perdido de vista mi meta final. Restaura mi visión y dame nuevas fuerzas. Permite que lo que tengo delante para hacer sea el incentivo que necesito para sacudirme todo lo que me mantiene atado y desanimado. Ayúdame a desechar todo aquello que no importa para enfocarme en lo eterno y de mayor importancia. Lléname del poder y la fe que necesito en esta temporada para mantener los ojos puestos en ti y no en mis circunstancias. Ayúdame a terminar lo que comencé y a cumplir mis metas. Ayúdame a perseverar en medio de la decepción y la postergación para completar con excelencia la visión que tú me has dado. En el nombre de Cristo Jesús. Amén.

¿Cuáles son tus distracciones ahora mismo?

____

____

____

____

¿En qué necesitas enfocarte en este momento?

____

____

____

____

Escribe tu confesión de fe a continuación:

____

____

____

____

8

¡OLVÍDALO!

Había una vez una mujer que vivía en una sociedad que se deterioraba a un ritmo vertiginoso (véase Génesis 19:1-22). Ella, Lot (que era su esposo), y sus dos hijas, eran extranjeros que habían adoptado la cultura del momento, pero los seguían considerando extranjeros. Sus hijas estaban comprometidas con hombres del lugar, y la familia había relajado su ética, sus creencias religiosas y su moralidad al haber abrazado las normas sociales de ese territorio. Dos desconocidos llegaron a la ciudad y les avisaron de la pronta destrucción de la ciudad. Le dijeron a Lot que él y su familia debían marcharse de inmediato; no había tiempo para demoras. Los prometidos de las dos hijas desecharon la idea entre risas y decidieron quedarse atrás. Los extraños visitantes, agarrando literalmente a Lot y a su familia de las manos y acompañándolos fuera de la ciudad, les dijeron: "Hagan lo que hagan, ¡no miren atrás!". Lot accedió y, acompañado de su esposa y sus dos hijas, huyeron mientras comenzó a llover fuego y azufre sobre Sodoma.

¿Quién sabe los pensamientos que pasaban por la mente de la esposa de Lot cuando ocurrió todo eso? ¿Pensaba en las cosas que dejaba atrás? ¿Le preocupaba el bienestar de alguna amiga de la que no se pudo despedir? ¿Se sentía en conflicto por haber hecho la mudanza con tanta prisa? No lo sabemos. Lo único que sabemos es que hizo lo indecible: miró atrás. En ese momento, antes de poder corregir su postura y seguir avanzando se convirtió en una columna de sal y fue dejada atrás, anclada en su lugar.

¿Por qué sal, me pregunto? La sal se supone que es algo bueno. Se usa para dar sabor y preservar la comida. Crea equilibrio entre los fluidos de la sangre y mantiene una presión arterial saludable. También se usa para teñir, desteñir, y muchas otras cosas. Sin embargo, demasiada sal puede hacer que la comida sea incomible. También puede contribuir a enfermedades cardiovasculares, retención de líquidos, problemas de riñón, osteoporosis, insuficiencia cardíaca e infartos.

En el caso de la esposa de Lot, la paralizó. Mientras su familia huía rápidamente de la destrucción inminente, nuestra amiga no iba a ir a ningún lugar; estaba atascada y paralizada. La condición de su corazón se manifestó en forma física. No podía regresar, pero tampoco podía avanzar.

¿Cuántas personas se han encontrado en esa misma situación, llenas de tanto remordimiento, dudas, temores y preguntas, que impidieron cualquier tipo de progreso que podrían y deberían experimentar?

MIRAR ATRÁS

Hay momentos en los que el pasado recibe demasiado mérito porque idealizamos las cosas que tanto aborrecíamos cuando deseábamos una nueva vida; como los israelitas cuando anhelaban la comida que tenían en Egipto mientras caminaban por el desierto de camino a la tierra prometida.

> *¡Oh, si tuviéramos un poco de carne! —exclamaban—. Cómo nos acordamos del pescado que comíamos gratis en Egipto y teníamos todos los pepinos, los melones, los puerros, las*

cebollas y los ajos que queríamos. ¡Pero ahora lo único que vemos es este maná! (Números 11:4-6)

Idealizaron la comida que tenían cuando eran esclavos, alimentos que comían mientras estaban cautivos en Egipto. Tal vez habían odiado los puerros y las cebollas, pero odiaban todavía más la incertidumbre de lo *próximo*. En medio del desierto, sin saber qué esperar y sin confiar mucho en la promesa de Dios de una tierra que fluía leche y miel, rememoraron cosas y momentos que en su día les causaron dolor. Se quejaron, gimotearon, y desearon regresar a las cosas de las que clamaron a Dios para que los librara. Solo podían ver el pasado; no podían mirar más allá de las posibilidades que los llamaban a una nueva vida de libertad y abundancia. Esta mentalidad estaba arraigada muy profundamente en su subconsciente. Yo creo que no tenían ni idea de por qué se resistían tanto al cambio. Habían salido de Egipto, pero Egipto seguía estando en ellos.

Después de años de ser esclavos, ¡ser libres era un concepto extraño que parecía demasiado bueno para ser cierto! ¿Acaso era realmente posible? En ese caso, ¿por qué tardaba tanto en llegar? ¿No se suponía que iba a ser un camino mucho más corto? ¿Por qué tenían que vagar por el desierto y cruzar ríos? Si Dios realmente los estaba ayudando, ¿no debería ser más fácil la vida? ¿Qué era esa comida nueva y extraña que les servían? Y así sucesivamente... las quejas no cesaron hasta que Dios decidió dejar que todos fueran muriendo, y llevó a la tierra prometida a una nueva generación.

El remordimiento es un instrumento debilitante que se levanta en nuestros corazones y nuestras mentes para paralizarnos, detener nuestro progreso, y distraernos con todas aquellas cosas que no nos hacen bien ni nos ayudan a avanzar en la vida. El remordimiento es la tierra en la que viven muchos, incapaces de saltar los muros del pasado para alcanzar la promesa, la mejoría, una vida mejor, y el *próximo* paso que les espera con ansias. Como la esposa de Lot, tenemos esos momentos de *si tan solo...*

Hecho. El problema con pensar *si tan solo...* es que es una sugerencia de una opción que en realidad nunca existió. Si realmente estuvieras interesado en seguir adelante con tu vida e ir a otro nivel de vivir y amar, no pensarías en los *si tan solo...* Ese tipo de pensamientos te hace eludir las responsabilidades del presente, que son vivir la vida para la que fuiste creado y llamado.

El cambio asusta y es difícil incluso cuando lo deseamos, pero es peor cuando llega por culpa de alguna circunstancia adversa o inesperada. Si eso sucede, podríamos entrar en una espiral de la que no es fácil salir. Comenzamos a revivir el pasado una y otra vez en nuestra mente, buscando algo que pueda llevarnos de nuevo a terreno más conocido. Pero el terreno ha cambiado, y el camino que necesitas para regresar donde estabas ya no existe. Y, si regresaras, ¿qué encontrarías allí?

De nuevo, es nuestra actitud hacia lo inesperado lo que nos equipa para recibir el cambio y las cosas nuevas de una manera saludable, que nos alimentará y fortalecerá para prosperar en nuestro nuevo contexto o situación. Dios fue el primer especialista en gestión del cambio. Él sabía que seguir adelante no era compatible con aferrarse al pasado, así que tuvo que esperar hasta que hubo una nueva generación antes de llevar a los israelitas a la tierra prometida (véase Números 32:13).

Cuando la COVID-19 azotó el mundo, fue interesante ver las reacciones de la Iglesia. Algunos estuvieron encantados con el cambio a reuniones en el internet y con intentar encontrar maneras creativas de alcanzar a sus feligreses y al mundo en general, que buscaba respuestas con respecto a la pandemia. Aquellos que escogieron rebelarse contra el confinamiento y demonizarlo comenzaron a tener problemas y a perder miembros. Se marchitaron y murieron en la vid porque simplemente no podían concebir otra forma de hacer iglesia. Sin embargo, el viejo modelo de hacer iglesia no estaba funcionando en el contexto presente. Era otra temporada.

Tuve conversaciones interesantes con varios amigos que son pastores. Algunos estaban agradecidos por no reunirse de modo presencial. Extrañaban a sus feligreses, pero se dieron cuenta de que estaban alcanzando a más personas en línea que cuando los servicios eran presenciales. Las ofrendas aumentaron y los gastos disminuyeron. Estaban prosperando en un contexto que parecía ser un desierto sin fin para otros. Algunos llegaron a la conclusión de que, aunque Dios no había causado la pandemia, sí que la estaba usando a su favor para extender el evangelio de manera única y diferente. Aquellos que recibieron los cambios con los brazos abiertos estaban prosperando y dándose cuenta de que, incluso después de regresar al edificio de la iglesia, sus ministerios les habían conducido a hacer las cosas de manera completamente diferente. Ya nunca regresarían al modelo anterior de hacer iglesia.

TODO OBRA PARA BIEN

Lo que parecía algo malo había obrado para bien, reinventando la manera de llevar a cabo el trabajo del ministerio, ampliando el alcance de la Iglesia y haciéndola más efectiva y fructífera. Aquellos que nunca pisarían el edificio de una iglesia vieron servicios en el internet. Quienes estaban sentados en iglesias muertas o escuchando a maestros malos pudieron descubrir a instructores asombrosos y transformadores en el internet. Aquellos que no estaban arraigados en una teología sólida estaban en apuros, y muchos creyentes tuvieron que crecer a la fuerza y aprender a encontrar a Dios por sí mismos. El culto al héroe fue desmantelado en gran medida, y la Iglesia en general se vio ante el reto de crecer y madurar. El emocionalismo no estaba funcionando ni tampoco el ser espirituales en exceso, porque todo el mundo buscaba respuestas de verdad.

Yo creo con todo mi corazón que se estaba produciendo una poda dentro de la Iglesia: una separación, quitando cosas para sustituirlas por otras. Aparecieron nuevas voces llenas de fuego y pasión con revelaciones extraordinarias. Pusieron el énfasis de nuevo en Dios y en su reino en lugar de colocarlo en la construcción de imperios personales. La marea estaba cambiando. El maestro jardinero estaba haciendo su mejor trabajo, quitando algunas parras para dejar espacio a las cosechas más dulces y ricas, podando lo que no producía fruto. Era el momento de una nueva cosecha. Aquellos que eran espiritualmente sensibles reconocieron la temporada e hicieron los ajustes necesarios, aceptando la oportunidad de ser productivos a mayor escala.

Todo depende de cómo decidas ver tus circunstancias y si eres capaz de discernir cuál es la lección o nueva dirección para ti. Siempre puedes ganar algo, pero depende de tu perspectiva. En momentos como esos en los que el cambio y lo nuevo se nos echan encima, en lugar de sentir pánico detente y explora el territorio. Traza tu rumbo. Evalúa lo que debe irse y lo que debe quedarse. Pulsar el botón de repetir no te ayudará en esos momentos. Imagina a un recién nacido intentando regresar al vientre de su madre, negándose a nacer. La vida espera. En la otra dirección solo hay opresión y oscuridad; estás intentando volver a un lugar en el que ya no encajas. Olvídalo. Ya no eres el de antes. Es el momento de avanzar. Las nuevas temporadas requieren ropa nueva, una actitud renovada... ¡un yo nuevo y renovado!

¿Qué haces cuando Dios sacude tu normalidad y el viejo modo de hacer las cosas ya no funciona? ¿Qué haces cuando tienes que girar a la derecha o arriesgarte a ser dejado atrás?

EL PODER DE LA FLEXIBILIDAD

En la vida todo cambia, y debes dominar el arte de ser flexible. El cambio es inevitable, pero la manera en la que respondes a él está completamente en tus manos. Debes confiar y saber que el modo en que respondas influirá directamente en tus resultados. Puedes escoger si serás víctima o vencedor, superviviente o ganador.

Las interrupciones, las intrusiones, la confusión y las turbulencias nunca pueden ser una excusa para mirar atrás y perder la inercia por estar llorando por la leche que se derramó. No te quedes anclado en lo que te parece negativo. Encuentra el oro: la nueva oportunidad, la opción de empezar de nuevo y la oportunidad de ser renovado. Lo único que tienes que hacer es ser flexible. ¡Conviértete en un maestro de la reinvención! La mejor gestión del cambio pone en práctica las lecciones aprendidas utilizando nuevas metodologías. Se acabó el hacer las cosas como siempre. ¡Aquellos que insisten en hacerlo así se quedan atrás, los despiden o se jubilan! Es importante que sepas cuándo dejar atrás el pasado.

Un día, un grupo de personas llevó a su amigo hasta Jesús. Ese amigo era ciego y quería tener vista (véase Marcos 8:22-26). Jesús lo tomó de la mano, lo llevó fuera de la aldea, y sanó su vista. Después, Jesús le preguntó al hombre qué veía. El hombre dijo que veía hombres como árboles que caminaban por los alrededores. Jesús volvió a tocarlo y entonces vio las cosas con claridad. Ver hombres como árboles era una perspectiva distorsionada de los demás en comparación con él mismo. Eran exuberantes, y disminuían quién era él y lo que era capaz de hacer. Después del segundo toque de Jesús, pudo ver todo desde la perspectiva correcta. Entonces Jesús le dijo que no regresara a la aldea de la que había llegado. ¿Por qué? Porque ese viejo lugar haría que volviera a su vieja mentalidad. Limitaría su visión y afectaría su habilidad de ver las cosas como debería. Una nueva visión trae consigo una nueva vida. La visión es solamente el principio.

Pulsar el botón de repetir no nos sirve de nada. Avanzar sí. Se nos ha dicho que cuando la marmota sale de su agujero, ve su sombra y regresa a su madriguera para seguir hibernando, es que el invierno será largo. Pero no estamos a merced de la naturaleza y no somos víctimas de nuestras circunstancias. Somos dueños de nuestro mañana. El modo en que vemos las cosas, a lo que decidimos aferrarnos, lo que decidimos desechar, y la dirección en la que escogemos mirar, son factores decisivos para llegar a lo *próximo*.

CUANDO TODO CAMBIÓ

Es mucho más saludable responder que reaccionar. Decidir no reaccionar con base en el temor, el dolor o el enojo nos ayudará a ver las cosas claras sobre cómo seguir adelante. No es necesario llegar a una conclusión precipitada cuando el cambio se abalanza sobre ti. Detente, respira, piensa, busca consejo, ora, espera hasta que esté todo despejado, toma una decisión, y después avanza estratégicamente y con propósito.

CAMBIO DE MENTALIDAD

- ¿Qué te incomoda con respecto a avanzar?
- ¿Qué crees que extrañarás? ¿Te servirá de algo en el lugar al que te diriges?
- ¿Qué tienes que soltar u olvidar para recibir lo *próximo*?
- ¿Qué esperas a medida que avanzas?
- ¿Cómo te sentirás cuando sea una realidad?

EN RETROSPECTIVA

Lo que hizo falta para llegar hasta donde *estábamos* no es lo mismo que necesitamos para llevarnos hasta donde vamos. Si no crecemos, nos estancamos y morimos. El crecimiento es la gran aventura que tememos porque no siempre podemos ver el otro lado de ella. El temor a lo que llegaremos a ser es muy real; por lo tanto, lo que nos resulta familiar, ya sea bueno o malo, parece mejor que nada; pero no lo es.

Plantéate esta pregunta: Si en tu vida nunca cambiara nada, ¿cómo te sentirías?

LA PRÓXIMA ORACIÓN

Pero olvida todo eso; no es nada comparado con lo que voy a hacer. Pues estoy a punto de hacer algo nuevo. ¡Mira, ya he comenzado! ¿No lo ves? (Isaías 43:18-19)

Amado Padre celestial, ¡ayuda! Estoy atascado. Atascado en el pasado. No puedo dejar de dar vueltas en mi cabeza y alimentar cosas por las que no puedo hacer nada. Vivo en un estado constante de remordimiento. No dejo de pensar una y otra vez en cosas del pasado, y eso solo hace más profunda mi insatisfacción. Parece que no puedo encontrar el modo de dejar de repetir las cosas viejas. Mis errores y pérdidas se reproducen en mi mente una y otra vez. Sé que debería avanzar, pero sigo mirando atrás y eso me paraliza. Te pido que sanes mis recuerdos. Ayúdame a perdonarme a mí mismo mientras recibo tu perdón. Gracias por la oportunidad que me has dado de empezar otra vez y dar la bienvenida a un nuevo comienzo. Dame la valentía para dejar atrás lo familiar e ir a los lugares más elevados y territorios inexplorados a los que tú me lleves. Ayúdame a dejar atrás el remordimiento, donde debería estar, mientras acudo a ti y te sigo. En el nombre de Cristo Jesús. Amén.

¿Qué necesitas olvidar? ¿Por qué eso ya no te sirve para nada?

¿Qué cosa nueva está poniendo Dios en tu vida?

Escribe tu confesión de fe a continuación:

9

NO TE DETENGAS

Se dice que mientras más alto escales, más grandes serán los demonios. Yo tengo una propuesta alternativa: mientras más te acerques a tu meta, más tentador será tirar la toalla y rendirte. Ese es el momento en el que la duda, el cansancio, la frustración, la apatía y hasta la abdicación se asientan, especialmente si no tienes un buen sistema de apoyo a tu alrededor que te recargue las pilas y te anime a seguir adelante.

Imagina a Noé construyendo el arca año tras año. No había ninguna señal de lluvia inminente; solo una promesa. ¡Ni siquiera una visión! Solo una promesa. Aun así, había algo dentro de Noé, en lo profundo de sus entrañas, que lo empujaba hacia adelante. Hay una línea de pensamiento que dice que Noé se preparó plantando árboles ciento veinte años antes de comenzar a construir el arca, para que cuando llegara el momento hubiera madera disponible.

Si nos rendimos a la primera señal de demora o ante el primer obstáculo, ¿qué dice eso de nosotros?

¿Qué es lo que hace que alguien siga avanzando cuando no hay señal de ayuda a la vista?

Sí, lo has adivinado. Es tu causa, tu pasión, tu deseo, y lo más importante: ¡por qué lo haces! *Relevance,* que es mi ministerio de música, escribió una canción que se titula "For Love's Sake" (Por amor) al plantearnos por qué alguien estaría dispuesto a dejar a un lado la realeza y vivir prácticamente una vida de persona pobre. ¿Qué es lo que llevó a Jesús a cargar con el pecado y la vergüenza de aquellos que creó, morir en una cruz y sufrir rechazo? Solo por amor podría alguien pasar por todo eso para redimir al mundo. Jesús sabía cuál era su *porqué*. No vino a vivir; vino a morir para redimir a la humanidad. Descendió del cielo a la tierra y después al infierno para cumplir su misión. ¿Por qué? Por puro amor; no solo por ti y por mí, sino también por su Padre, que deseaba de todo corazón reconciliarse con nosotros para poder convivir con nosotros. El amor fue su porqué y le impulsó adelante para completar su tarea a pesar de tener que amar a quienes era imposible amar y a aquellos que no podían comprender o entender lo que Él hacía. Con los ojos puestos en su porqué soportó la cruz, el rechazo y la traición, desechando la vergüenza que todo ello conllevaba (véase Hebreos 12:2). Después cosechó las recompensas de sus esfuerzos: el gozo de redimir a la humanidad. El amor es un porqué muy poderoso.

Hay una canción popular que comienza con esta estrofa:

Cuando un hombre ama a una mujer
No puede pensar en otra cosa
Daría lo que fuera
Por no perder lo que ha encontrado.[4]

Lo hemos oído y lo hemos visto: el amor es el impulsor del sacrificio. La pasión y el deseo nos alimentan, incluso cuando enfrentamos obstáculos.

¡Es muy importante conocer tu *porqué*! ¿Por qué estás haciendo lo que haces? A veces no hay explicación porque lo que te lleva a hacerlo está en tu interior, en tu esencia. La vida también puede ser

4. Michael Bolton, "When a Man Loves a Woman", de *Time, Love & Tenderness* (Columbia Records, 1991).

el catalizador que determine por qué haces lo que haces. Las necesidades de los demás también pueden ser una motivación poderosa.

En un punto de mi carrera, debido a las malas decisiones de algunos empleados lo perdí todo: mi oficina, mi casa y muchísimas oportunidades de hablar en público, lo cual afectó en gran manera mis finanzas. Para terminar de rematarlo todo, mi papá murió. Yo no tenía dinero para asistir a su funeral en Ghana, que está en el oeste de África. Me preguntaba: *¿Podría pasarme algo más?* Fue un periodo abrumador en el que intenté ser flexible y lidiar de modo realista con mis circunstancias. Cuando mis amigas y amigos se acercaron a mí para ver cómo podían ayudar, le pregunté a una de ellas: "¿Es que no estás preocupada por mí?". Ella respondió: "No, no lo estoy. Siempre pareces recuperarte diez pasos por delante de donde estabas cuando caíste. Solo estoy esperando tu remontada. Mientras tanto, estoy aquí para ayudar".

Con la ayuda de mis amigos, pude ir al funeral de mi papá y allí descubrí que él había dejado todo preparado para que yo continuara con su vida. Me encontré corriendo de un lado a otro, de Estados Unidos a Ghana, intentando mantener a flote mi propia vida mientras al mismo tiempo trataba de poner en orden la herencia de mi papá. Fue abrumador, y me estaba costando mi salud física y mental. Algo tenía que cambiar, pero yo todavía no tenía claro lo que era.

Dicho eso, agarré aire y me enfoqué en lo que tenía entre manos en ese momento. Me acuerdo bien de eso. Estaba hablando en una conferencia de mujeres, y Matthew West estaba cantando la canción "The Motions". Esta estrofa me golpeó muy fuerte:

> No quiero estar toda la vida preguntándome
> Qué hubiera pasado si lo diera todo
> En lugar de hacer las cosas por inercia.[5]

---

5. Matthew West, "The Motions", en *Something to Say* (Sparrow Records, 2008).

Me sentí impulsada a mudarme a Ghana. No tenía ni idea de lo que haría allá, pero sentía una necesidad tan grande de hacerlo que supe que era un llamado de parte de Dios. No podía permanecer atascada donde estaba en ese limbo; tenía que avanzar. Mi contable lo confirmó todo. Un día se plantó delante de mi escritorio y me dijo que la situación actual de mi ministerio no era sostenible. Ella me sugirió que me mudara a Ghana, no hiciera nada durante un año, y averiguara lo que Dios quería hacer con mi vida.

Eso fue la gota que colmó el vaso. Cuando anuncié que me mudaba a Ghana, todo el mundo pensó que estaba bromeando, pero —como te mencioné anteriormente— tres semanas después todas mis posesiones estaban en un contenedor flotando en medio del océano Atlántico mientras yo volaba hacia una nueva aventura con mis tres perros. Es importante que recuerdes que no tenía ni idea de qué vendría después, pero sentía la necesidad de seguir avanzando.

PASOS DE FE

Me sentía un poco como Abram en la Biblia. Cuando Dios lo llamó a salir del lugar donde se encontraba, solo le dijo que se levantara y se fuera (véase Génesis 12:1-6). Me pregunto cómo fue la conversación entre él y su esposa Sarai.

—¿A dónde vamos?

—La verdad es que no lo sé. Dios me dijo que nos vayamos.

Y eso es lo que hicieron. Sin mirar atrás. La Biblia nos dice que Abram dejó atrás amigos, familia, y la tierra que conocía para obedecer la voz de Dios, la cual lo impulsó a salir incluso cuando no sabía dónde terminaría. Sabemos que iba buscando una ciudad "diseñada y construida por Dios" (Hebreos 11:10). ¡Eso se llama el camino de la fe! No es una compulsión. Cuando el destino llama, tú respondes, impulsado por la voz de tu interior que te dice que ese es el camino hacia adelante. Abram lo hizo, y yo también. ¡Recogí todas mis pertenencias y me mudé! ¿Tuve miedo? Mmm... sí y no.

Hay momentos en los que la vida te obligará a ser flexible. La realidad es que yo no tenía otra opción. Creo que Dios lo hizo. Él sabía que si las cosas hubieran seguido igual, con un calendario lleno y el dinero fluyendo, lo más probable es que no me habría mudado. Él permitió que el río figurado se secara. Era mudarse o morir. Esas eran mis opciones. Por lo tanto, di el salto de fe y viví para contarlo. ¡Y vaya si me alegro de haberlo hecho! Ahora, considerando en retrospectiva mi vida y la sucesión de eventos, puedo ver que han ocurrido cosas mejores de las que yo jamás habría soñado y que no hubieran ocurrido en otro lugar. Todo resultó mucho mejor de lo que yo hubiera podido planear. Y creo que Abram, a quien Dios luego cambió el nombre a Abraham, estaría de acuerdo. Abraham no solo se hizo extremadamente rico, sino que también se ganó el legado de ser "padre de muchas naciones" (Génesis 17:5). Eso solo puede ocurrir si te atreves a dar el paso y seguir adelante incluso cuando el final no está tan claro como te gustaría.

Hecho. Algunas veces, solo tienes dos opciones: hacer algo y vivir, o no hacer nada y morir. ¿Qué tienes que perder? ¡Si no haces nada perderás tu futuro!

Hay una historia bíblica sobre cuatro leprosos que estaban sentados junto a la puerta de una ciudad sitiada en estado de hambruna por culpa del enfrentamiento con sus enemigos (véase 2 Reyes 7:3-11). Los leprosos se sentaron a discutir sus opciones. Podían ir al campamento enemigo y mendigar comida, o quedarse donde estaban y morir. Decidieron que era mejor morir con el estómago lleno. Sin embargo, cuando llegaron al campamento, ¡descubrieron que estaba desierto! Pudieron comer, beber y llevarse oro, plata y ropa que los enemigos habían dejado atrás. Los leprosos decidieron compartir la noticia con la ciudad que seguía temerosa y muerta de hambre. Su decisión de hacer algo no solo les benefició a ellos; también ayudó a muchas otras personas.

Tal vez tengas ya una visión de dónde quieres ir, qué quieres hacer, y qué recompensa te espera si no te rindes. Es importante visualizar la visión, escribirla, y hacer lo que tengas que hacer con persistencia y constancia. Además de conocer tu *porqué,* debes conocer tu *qué.* ¿Qué es eso para lo que fuiste creado? ¿Quién debería beneficiarse de tus dones y esfuerzos?

Jesús dejó claro quién era su audiencia: los perdidos, los enfermos y los moribundos. Sabía que tenía que morir para cumplir su misión. Recorrió su camino con persistencia y constancia incluso cuando no tenía sentido y parecía que lo estaba perdiendo todo.

En lugar de eso, descendió al infierno, "llevó cautiva la cautividad" (Efesios 4:8, RVR-60) ¡y avergonzó al diablo públicamente arrebatándole de las manos las llaves del infierno y de la muerte! (véase Colosenses 2:15; Apocalipsis 1:18). Él se hizo pecado por un pueblo que lo rechazó, traicionó y maltrató (véase 2 Corintios 5:21). Crear una brecha entre sí mismo y su Padre celestial no era el camino que deseaba y, sin embargo, no abandonó su decisión de continuar con su misión hasta el final. ¡Gracias a Dios que lo hizo!

Puede que te preguntes: "Michelle, ¿cómo sabes que estás haciendo lo correcto? Si no tiene sentido y no tienes una explicación concreta para lo que estás haciendo cuando te preguntan ¿cómo sabes que es un mover de Dios y no un sueño imposible o una obsesión ridícula?".

La respuesta a esa pregunta es comprobar tu medidor de paz. Lo hermoso de tener "la paz de Dios, que sobrepasa todo entendimiento" (Filipenses 4:7) es que no tienes que entenderlo; solo sabes en tu espíritu que estás yendo en la dirección que Dios señala. Los israelitas, que siguieron la nube de día y una columna de fuego de noche de camino a la tierra prometida, se quejaron, especularon y dudaron, pero siguieron avanzando, sabiendo que era Dios quien los guiaba a pesar de sus errores.

LA SUSTANCIA DE LA FE

Lo único que tenían los israelitas cuando estaban en el desierto era una promesa, pero explicaciones tenían pocas.

Dios dijo: "Van a una tierra que fluye leche y miel. Vayan a echarle un vistazo y reconocerla".

Ellos respondieron: "Pero ¿cómo, Dios? Hay gigantes en esa tierra; cosas que van a bloquearme el paso, ofrecer resistencia, derrotarme ¡o matarme!".

¿Alguna vez te has sentido así? ¿Notaste que Dios no revela el *cómo* hasta que respondes afirmativamente a sus instrucciones? Eso sí trae consigo una paz al saber que Dios (no tú) es capaz de cumplir esa promesa mientras te dirige y tú cooperas con sus instrucciones. A veces, incluso después de haber dicho sí, no sabrás cuál es la estrategia completa para que no te vuelvas presuntuoso y te adelantes a lo que Él quiere hacer.

Caminamos por fe a medida que Dios alumbra lo suficiente para que veamos el escalón en el que estamos. Esa es su forma de ayudarnos a caminar a un ritmo constante y desarrollar nuestra capacidad para manejar aquello que Él quiere confiarnos. Conseguirlo es una cosa; mantenerlo es otra.

La promesa y Aquel que la cumplirá no fallarán mientras nosotros sigamos siendo participantes constantes y obedientes del plan. Cuando nos alineamos con Dios y estamos sintonizados con Él, su paz y seguridad se convertirán en nuestra ancla interior. Entramos en lo que mi amiga Marshawn Evans llama "*Godfidence*", lo que podríamos traducir como "Dios-fianza" (confianza en Dios). Avanzamos entendiendo la tarea y sin permitir que nada ni nadie nos detenga, ni siquiera nuestros propios temores e incertidumbres, ¡porque la única manera de llegar hasta donde realmente queremos ir es seguir avanzando!

CUANDO TODO CAMBIÓ

Es importante encontrar un balance entre pausar para reflexionar en el camino y pasar a la acción demasiado rápido. El miedo al cambio o al fracaso nos mantiene cautivos a muchos de nosotros, demorando nuestro nuevo comienzo. Por mucho que queramos un cambio, debemos ser participantes activos en él. Un sueño sin un plan es solamente un deseo, y un sueño sin acción es una esperanza frustrada, sin nadie a quien culpar más que al soñador inactivo. El cambio y el progreso requieren soñadores que oran y tienen discernimiento. También requiere estar dispuestos a tomar riesgos y hacer aquello que nunca hemos hecho. No existe nada que sea normal y exitoso a la vez. La diferencia entre aquellos que no sobresalen y aquellos que sí lo hacen se reduce a una sencilla palabra: acción. Una acción persistente, constante y deliberada.

CAMBIO DE MENTALIDAD

- ¿Qué acciones tienes que emprender ahora?
- ¿Qué te está demorando?
- ¿Qué cosas te están distrayendo de los resultados que quieres?
- ¿Qué tienes que colocar en su lugar para ayudarte a seguir avanzando?
- ¿Qué mentalidad tienes que cambiar?

EN RETROSPECTIVA

Debes saber que todo lo que has experimentado, incluyendo tus errores y fracasos, te ha conducido al momento en el que estás ahora. Te ha empoderado para hacer lo que debes hacer ahora si quieres llevar tu vida al siguiente nivel. No olvides las lecciones valiosas que aprendiste por el camino; te serán útiles ahora cuando entres a esta temporada de cosecha. Deshazte del remordimiento, porque solamente te paralizará. En su lugar, alimenta un espíritu de gratitud por todo lo que ocurrió en el pasado. Te ha hecho ser quien eres hoy: más sabio, más fuerte, y listo para la tarea que tienes entre manos. Dios no hace mención del trabajo o de los obstáculos que tendrás que enfrentar porque para Él no son un problema. Si caminas de la mano con Él, recibirás toda la sabiduría que necesitas para conquistar tu nuevo territorio. ¿Estás listo? ¡Vamos!

Plantéate esta pregunta: ¿Qué le dirías a tu yo más joven sobre lo que te hace falta para tener éxito profesional, relacional y financiero?

LA PRÓXIMA ORACIÓN

> *Que los profetas sean tus mentores. Ellos profetizaron en el nombre del Señor y eso les causó mucho sufrimiento, pero persistieron con paciencia. Los honramos como nuestros héroes porque se mantuvieron fieles aun al enfrentar grandes sufrimientos. Han oído acerca de todo lo que atravesó Job y ahora sabemos que el Señor, al final, lo trató con muchísima bondad, ¡revelando cuán compasivo es Él!*
>
> (Santiago 5:10-11, TPT, traducción libre)

Amado Padre celestial, he sido culpable de tirar la toalla y rendirme. Siento que no tengo el vigor necesario para seguir adelante en medio de las circunstancias. Lo intenté todo en mis propias fuerzas para cambiar mi situación, y siento que no estoy progresando. Me siento derrotado, perdido y sin dirección. Me siento cansado y abrumado, y me cuesta escuchar tu voz y tus instrucciones. Tal vez mis preguntas están ahogando tus respuestas. Fortaléceme y dame esperanza. Ayúdame a seguir avanzando. En lo profundo de mi espíritu, ¡sé que hay una bendición que me espera si sigo avanzando! Ayúdame a renovar mi mente para ver las posibilidades nuevas e infinitas en lugar de las derrotas del pasado. Sé que tienes planes de bien para mí y que quieres darme el final que deseo. ¡Tengo muchas ganas de verlo! Recibo fuerzas para seguir avanzando, aunque todo mi ser me invita a lo contrario, porque decido confiar en ti completamente. Sigue guiándome con tus ojos. En el nombre de Cristo Jesús. Amén.

¿Qué cosas han demorado tu progreso?

¿Qué tienes que hacer para recuperar el ritmo?

Escribe tu confesión de fe a continuación:

VERANO

No conozco a nadie que no anhele la llegada del verano. ¡Representa la plenitud de la vida! ¡Es el tiempo de la cosecha! Tras meses de hibernación y tiempo frío que deja paso a las lluvias primaverales, se recibe muy bien la calidez constante. Las personas anticipan el verano antes de que llegue. Después de la limpieza de primavera en el hogar llega el júbilo de las actividades al aire libre. Carreras por el parque, festivales, barbacoas y reuniones. El sol nos hace sentir vivos. ¡Recuperamos las energías!

Se renuevan las esperanzas. La energía y la vitalidad se revitalizan. La motivación para moverse y hacer cosas que habían permanecido latentes ¡se reactiva! La vitamina D del sol afecta nuestra salud física y nuestra salud mental revive. El verano es un periodo importante de fortaleza, fertilidad y abundancia. Esta es la estación con los días más largos y las noches más cortas. Hacemos más cosas cuando los días son más largos. No nos cansamos tan fácilmente como lo hacemos en el invierno, con sus largos periodos de oscuridad.

La luz del sol siempre nos llena de esperanza, mientras que las horas nocturnas pueden minar nuestra fortaleza y resolución. Es casi irónico —ya que soñamos en la oscuridad— que permitamos que la oscuridad de la incertidumbre mate esos mismos sueños.

Ah, pero cuando arrojamos un poco de luz sobre el tema, ¡cobramos vida! Al entender las estaciones, aprendemos a acomodar cada una ajustando nuestra mentalidad y nuestra postura. La actitud lo es todo.

Ver los beneficios de cada temporada, sin considerar cuán desagradables puedan ser para ti, te posiciona para estar avanzando regularmente y cimentar tu crecimiento. Se llama aceptar el proceso. A fin de cuentas, sabes que llegará el aumento, que todo el duro trabajo, la siembra y la plantación, el trazado y la planificación, la estrategia, la nutrición y la fertilización, ¡finalmente habrán valido la pena!

Sí, incluso las estaciones tienen fecha de caducidad. Es la falta de conocimiento lo que tiende a desgastarnos, la oscuridad de no saber dónde, cuándo, quién y cómo serán suplidas nuestras necesidades y cómo se cumplirán nuestros sueños.

La ironía de todo esto es que anhelamos el verano en el invierno. Nos acordamos de los días pasados en el sol, en la playa o en nuestro restaurante al aire libre o actividad favoritos. A veces no podemos apreciar el frío del invierno ¡porque estamos demasiado ocupados anhelando el calorcito del verano! Sin embargo, cuando finalmente llega el verano, muchos comenzamos a quejarnos de ese mismo calor que decíamos que extrañábamos.

Si el clima parece cambiar rápidamente, algunos no están listos para ello. No han hecho la transición mental o físicamente para estar listos y entrar en el verano con todo el entusiasmo que se requiere. Algunos siguen atascados en el modo de limpieza primaveral y aún no han sacado la ropa de verano. Algunas personas no soportan el calor extremo, se resecan mientras otros florecen. Podemos soñar con la cosecha, el tiempo de avance en nuestra vida más conocido como verano, pero aún no estamos listos.

Mientras anticipas el verano, tienes que estar condicionado en lo mental, lo espiritual y físicamente, no solo para celebrar la cosecha sino también para soportar el calor que trae consigo. Mientras más altitud, menos aire. Tienes que respirar hondo y seguir escalando. Con cada gran adquisición o nivel de logro te esperan nuevos retos, cosas que probarán tu carácter, tus habilidades e incluso tu fe, tanto en ti mismo como en Dios. ¿Puedes aguantar el calor?

El calor del éxito puede ser mayor que el calor del fracaso. Con suerte, las lecciones que has aprendido en las otras estaciones te han condicionado y preparado para recibir bien el verano con una gracia tal, que nadie te ve sudar. El verano es una estación que puedes disfrutar y dominar, o simplemente terminar soportándola y colapsar en base a tus expectativas y percepciones de lo que debería ser la estación.

Evalúa dónde estás y obtén claridad:

- ¿Qué significa para ti el éxito?
- ¿Qué te haría sentir que finalmente has llegado?
- ¿Cuál es el propósito del éxito?
- ¿Por qué quieres ser exitoso?
- Una vez que consigas el éxito, entonces ¿qué?

Cuando nos enfocamos en cómo ser un administrador sabio de nuestra cosecha, nos encontramos en un lugar de abundancia que no solo será una bendición para nosotros sino también un beneficio para otros. La frase común: "Somos bendecidos para ser de bendición" revela un principio muy importante. Algunas de las personas más exitosas y ricas del mundo son filántropos que usan su plataforma y su riqueza para provocar un cambio donde las necesidades son obvias.

El verano de nuestra vida no tiene que ver solo con divertirse al sol, el avance, la cosecha y disfrutar la vida. Se trata de algo más duradero. Significa alimentar a otros. No se trata solamente de lo que sacamos de esa estación; se trata de lo que damos, de crear un legado, de canalizar recursos correctamente. El verano es la estación del favor, la provisión y la restauración. Lo que hacemos en esta estación tiene todo que ver con cuánto perdurará.

> *Los que con lágrimas siembran, con regocijo cosechan. El que llorando esparce la semilla, cantando recoge sus gavillas.*
>
> (Salmos 126:5-6, NVI)

10

ORGANÍZATE

Un año viví en California durante el periodo que llamaré mi invierno personal. No ganaba ni para poder vivir... o al menos eso me parecía en ese momento. Mirando atrás, lo llamé "la mejor de las épocas y la peor de las épocas", como en la famosa novela de Charles Dickens, *Historia de dos ciudades*.

Fue la peor de las épocas porque me embarqué en la búsqueda del amor solo para descubrir que no estaba allí para mí. Él había seguido adelante, y yo estaba perpetuamente atrapada en lo que podría haber sido. Era un desastre emocional, viviendo bajo la ilusión de que, si me quedaba el tiempo suficiente, él vería el error de sus caminos y se daría cuenta de que yo era la mujer para él; una lección larga y dolorosa. Pero eso es otra historia. También fue la peor de las épocas porque los "amigos" que me animaron a mudarme a California de repente no estaban disponibles. Solo era valiosa para ellos cuando estaba en posición de contratarlos para anuncios en mi fabuloso trabajo publicitario. Ahora que estaba desempleada... bueno, ya conoces el resto. Allí estaba yo, sola y sin un sistema de apoyo en un entorno nuevo. La única amistad que tenía se había ido a Europa, dejándome atrás para descubrir una nueva ciudad, un nuevo entorno y una nueva vida.

También me estaba estrellando en el mercado laboral, lo que condujo a complicaciones financieras. Mi pequeño colchón de dinero se agotó rápidamente, dejándome en un estado que nunca antes había experimentado: ¡estaba quebrada! Quebrada y destrozada. Para alguien que se había acostumbrado a vivir una vida lujosa en el mundo de la publicidad, donde te cortejan y obsequian representantes de directores de cine y fotógrafos, y donde las comidas exquisitas, baratijas, y las entradas más codiciadas para eventos de la ciudad prácticamente se arrojan a tus pies, el silencio de no tener admiradores era ensordecedor y desestabilizador. Cuando compartía con mis nuevos amigos historias de mis días de gloria, me miraban como diciendo: "Pobrecita, tiene una imaginación muy activa". Lo único que me quedaban eran recuerdos de días mejores, un automóvil que se inundaba cada vez que llovía, un corazón roto y un millón de preguntas para Dios.

VIVIENDO EN RETROSPECTIVA

Al mirar atrás, todo me parece ahora muy ridículo. Pienso en todo lo que podía haber hecho y en las oportunidades que podría haber explorado. Me dan ganas de patearme yo misma. Era muy miope. En mi mente, yo era la directora de arte, escritora y productora de oro en la empresa de publicidad más grande de los Estados Unidos de personas de color. Por alguna razón, eso me hizo estar excesivamente preparada para las agencias en las que apliqué para encontrar empleo en Los Ángeles; sin embargo, estaba atascada en quién era yo y perdí de vista en quién podría convertirme. Nunca se me ocurrió que había otras cosas que yo podía hacer. Podía haber sido modelo (después de todo, una agencia me había solicitado), pero no, yo era creativa publicitaria. Yo *contrataba* a las modelos, y no esperaba que me escogieran como tal. Además, no quería tener que controlar mi peso. Podía haber hecho locuciones, pero me intimidaba mi entorno. Realmente no sabía a dónde acudir o cuáles eran todas mis opciones. No tenía la valentía suficiente para acercarme a las casas de producción. Estaba en Los Ángeles, donde todos los famosos acaparaban todos los empleos. ¿Por qué iban a querer contratarme a mí? Podría haber ofrecido mis servicios a agencias de publicidad independientes, pero no, yo necesitaba seguridad laboral en un trabajo *fijo* de nueve a cinco. Se me olvidó que conseguí mi primer empleo siendo trabajadora independiente. Me veía a mí misma como alguien superior a eso.

Por lo tanto, ya te imaginas dónde me condujo todo aquello. A ninguna parte. Mis pensamientos estaban dispersos y no encontraban un puerto seguro. Ajena a sugerencias que no entraban en el molde en el que yo estaba, me debatí y fracasé miserablemente al avanzar. Lo que podría haber sido un nuevo comienzo maravilloso se convirtió en una experiencia pésima. Todo se trataba de sobrevivir a mi presente sin tener una visión para mi futuro. La verdad del asunto era que no podía, ¡porque no era consciente de lo que yo tenía para trabajar!

Había una vez una viuda que vivió durante un tiempo de sequía y hambruna. El profeta Elías la visitó y le pidió algo de comer (véase 1 Reyes 17:8-15). Ella le dijo que solo tenía "un puñado de harina... y un poco de aceite en el jarro" (v. 12). Planeaba preparar una última comida para ella y su hijo y después esperar la muerte. El profeta le dijo que preparara primero una pequeña torta para él y después otra para ella y su hijo. Si hacía eso —le aseguró Elías— no le faltaría la harina y el aceite hasta que volviera a llover de nuevo. La viuda hizo como él le indicó, y su palabra se cumplió. Tuvieron harina abundante y aceite suficiente para alimentarse ella, su familia y Elías hasta que la sequía terminó y hubo cosechas otra vez.

El reto era ver más allá de su propia necesidad personal y enfocarse en la necesidad de otro, abriendo las compuertas de provisión para ella. ¿Te imaginas su nivel de gozo cuando eso ocurrió?

Pensar que ya no tenía más provisiones y descubrir que, a medida que usaba lo que tenía para beneficiar a otro antes que a ella, eso le permitiría experimentar abundancia. Esto tuvo que ser una gran revelación sobre la economía de Dios. En tiempos de carencia, ¡si buscas ser de utilidad para otro, encontrarás lo que buscas! Cuando esta pobre viuda cambió su enfoque, cambió su situación. ¡Este es un principio clave que debemos aprender!

EL ACCESO CORRECTO

Esta viuda no tenía ni idea del poder que tenía en sus manos. A muchos de nosotros también nos pasa lo mismo. No nos damos cuenta de lo que estamos preparando y de las infinitas posibilidades que tenemos si tan solo miramos más allá de donde estamos en el presente y de lo que tenemos en el momento. Si podemos detenernos para pensar en lo que tenemos a nuestra disposición y qué opciones presentan esas cosas, seremos capaces de construir un plan y comprobar que avanzamos. Dios es el Dios de la reinvención. Cuando descubrimos las infinitas posibilidades que albergamos en nuestro interior, podemos salir de nuestros moldes personales y agrandar nuestro almacén de provisión y nuestro territorio, así como nuestra esfera de influencia. La disposición de la viuda a servir le dio acceso a alguien que otros anhelaban conocer.

Hecho. El peligro de no saber lo que llevas dentro de ti, el valor de tus dones, y cómo cambiar cuando la vida cambia, puede robarte unas oportunidades muy valiosas. La vida nunca es estática; las circunstancias nunca son fijas. Aunque deseamos cambios, prados más verdes, niveles más altos y un mayor impacto en nuestro mundo, todo eso viene con un costo añadido.

No se puede comenzar algo nuevo hasta que se deseche lo viejo. Algunos tienen el lujo de entrar fácilmente en una nueva etapa y dirección. En cierto momento yo tuve ese lujo cuando hice la transición de la publicidad al ministerio. Había hecho varias locuciones para clientes importantes y los ingresos residuales estaban llegando. Tenía el tiempo y los recursos financieros necesarios para conseguir ímpetu en mi nueva carrera como escritora y oradora sin la presión de trabajar a tiempo completo e intentar alimentar mi sueño trabajando a media jornada. Pero no todos tienen esa experiencia. Para muchos, el cambio es como una primavera en Chicago: calor en el momento y un minuto después frío, tomándote desprevenido con la vestimenta inadecuada para el clima.

Si has resistido en todas las demás estaciones, hay una lección muy valiosa que aprender sobre algo que precede a cualquier cambio, ya sea positivo o negativo. Se llama proceso. Sí, existe una tensión entre dónde estás, adónde te diriges y dónde terminarás finalmente. Por eso se producen los colapsos. Es el proceso de llegar a lo *próximo*. Incluso Jesús tuvo que sufrir quebranto para hacer la transición de Dios a hombre y de nuevo a su anterior estado glorificado. Dios el Padre bendijo a su Hijo, entonces lo quebrantó, y después entregó a Jesucristo por el bien de toda la humanidad.

Todo lo que consideres precioso fue procesado, aplastado, partido, cortado, molido o reducido a algo con un aspecto totalmente insignificante, incluso sin valor alguno, antes de pasar a tener el estado que tú ahora valoras. Las aceitunas se prensan para sacar el aceite. Las rosas se aplastan para obtener perfume. El oro se funde por completo para eliminar todas las impurezas. Los diamantes se cortan, moldean y pulen para obtener su brillo. Esto suscita la pregunta de por qué nos inclinamos más hacia lo que hemos hecho mal que en lo que estamos a punto de hacer cuando experimentamos el proceso de llegar a ser.

¿Alguna vez te has preguntado qué hiciste mal, o si Dios se había olvidado de ti porque estaba enojado contigo? ¿Has cuestionado tus propias habilidades cuando la vida parece irse a pique? Me acuerdo de una vieja campaña publicitaria que planteaba: "¿Por qué preguntar por qué?". Sí, por qué preguntar ¿por qué está sucediendo esto? ¿Acaso hacerlo cambiará tus circunstancias?

¿Qué ocurre si cambias la pregunta? Con frecuencia he dicho que Dios no responde muchas veces cuando preguntamos "¿por qué?", pero pregúntale "¿qué?" y recibirás un torrente de información. La verdad del asunto es esta: Dios no malgasta tus reveses. Él los usa para fortalecerte, enseñarte, redirigirte y darte experiencia que no te deje queriendo más… si se lo permites, claro está.

Es aquí donde tomamos la agresiva decisión de ceder al proceso, estrujar nuestro dolor y hacer las preguntas correctas para poder usar las respuestas que recibimos para avanzar con gracia. No como víctimas, sino como personas que experimentan niveles de vida mayores y más elevados.

Tal vez estés pensando: *¿Qué estás diciendo, Michelle? ¿Acaso debería tan solo rendirme cuando la vida literalmente me está dejando sin vida?* Te oigo. ¡No, no es eso lo que estoy diciendo en absoluto! No te estoy diciendo que te rindas. Te estoy diciendo que confíes. Confía en lo que la vida te está diciendo. Confía en lo que te está revelando tu decepción. Confía en lo que tu dolor te está obligando a mirar. Confía en la dirección que tus obstáculos te están forzando a tomar. ¡Confía! Confía en lo que nunca habías considerado. Examina tus opciones por completo y de modo realista. Date permiso a ti mismo de confiar en el proceso de ser bendecido, quebrantado y entregado. Todo está bien. Espéralo. La experiencia te está llevando a algún lugar. Al final del día, ¡realmente te está llevando donde quieres ir! Lo que ocurre es que sencillamente no es la ruta que esperabas tomar.

EL CORAZÓN DE DIOS

Dios mismo quiere bendecirte con lo que deseas. ¿Por qué? Porque Él pone esos deseos en ti. Él siempre se responde a sí mismo y bendice lo que se ha propuesto para tu vida. Esta es la razón por la que vivir en sintonía con Él es crucial. Nada puede ser más frustrante que albergar un montón de deseos que Dios nunca firmó. Créeme, eso nunca termina bien. Dios dice: *Porque yo conozco los planes que tengo para ustedes… planes de bienestar y no de calamidad, a fin de darles un futuro y una esperanza* (Jeremías 29:11, NVI). Pero lo que precede a ese nivel de bendición es el quebranto.

Cuando un frasco de perfume se rompe, el aire se llena de su fragancia embriagadora. Nunca tendríamos esta experiencia si la tapa se quedara en su lugar y el frasco permaneciera intacto.

Compartí la historia de cómo me despidieron de mi fabuloso trabajo como publicista. A veces, los cambios disfrazados de cosas malas se usan para interrumpirte y empujarte hacia el siguiente nivel, un lugar donde verás lo que llevas con una luz distinta porque nunca tuviste que utilizarlo como tienes que utilizarlo ahora. Veías las cosas de cierto modo, y Dios quiere ampliar tu visión de las posibilidades y también de tus habilidades. Tal vez seguiste en piloto automático por mucho tiempo en tu zona de confort cuando lo que Dios quiere es que avances y subas, a toda velocidad. Él quiere llevar tu vida a otro nivel.

Mi jefa me acusó de estar demasiado cómoda y de ser perezosa a la hora de perseguir mis otros sueños. La verdad del asunto es que ella tenía razón. Tuve un sueño repetitivo a lo largo de los años acerca de vivir en una casa que pensaba que era hermosa, espaciosa y suficiente para mí. Entonces, un día, mientras miraba algo, ¡descubro que hay más cuartos en una sección de mi casa que yo nunca había visto! Me emociono tanto al encontrar esos espacios adicionales, que comienzo a planificar cómo utilizarlos. Entonces, justamente antes de despertarme, digo: "Ojalá hubiera sabido antes que había esos cuartos, pues podría haber hecho muchas cosas con ellos". Interpreto esto como Dios diciéndome que hay más para mí de lo que conozco. Esa casa soy yo, y hay cosas en mí (dones, capacidades y creatividad) que todavía no he descubierto. Nunca debería conformarme con el lugar donde estoy. Debería seguir siendo curiosa porque siempre hay más.

Mi jefa sabía que me había acomodado. Iré un paso más allá: me había estancado. Mientras tanto, comencé a escribir un libro dos años antes de eso, pero mi trabajo me mantenía distraída. Nunca había conseguido pasar del primer capítulo; estaba demasiado ocupada ideando ganchos ingeniosos (líneas y frases pegadizas) para automóviles, refrescos y papas fritas. Pero, de repente, todo eso se fue. Tenía que considerar mis opciones. ¿Qué tenía a mi alcance? ¿Qué recursos internos podía utilizar? Terminé haciendo dos proyectos para mi exjefa que me dieron más dinero que mi antiguo salario a jornada completa. Obtuve también un conjunto de habilidades adicionales como directora, y gané dos premios por ambos trabajos. Hice locuciones y trabajé como agente independiente para otras agencias; y, sin embargo, me faltaba algo.

UN CAMBIO EN EL TIEMPO

Entonces sucedió. De camino a una audición de locución, me golpeó un automóvil, como mencioné anteriormente. Mi cuerpo quedó quebrado. Yo estaba quebrada. Tres cirugías y un año y medio en cama realmente no ayudan mucho a tu estado de ánimo. Estar indefensa nunca había estado en mi lista de cosas que me gustaría hacer algún día. Por un lado, descubrí quiénes eran realmente mis amigos; y, por otro lado, me sentía mal por tener que depender de ellos. Fue una experiencia aleccionadora. Tenía mucho tiempo para pensar en mi vida mientras estaba tumbada boca arriba en la cama. Entre aprender a caminar de nuevo y tener que someterme a las ministraciones de mis amigos, tuve que considerar mis opciones. ¿Qué tenía en mi mano?

Ahora que no podía hacer todas las cosas que solía hacer, se estaba abriendo la puerta a algo nuevo. ¡Lo único que tenía que hacer era atravesarla! En mi quebranto, había una nueva vida abriéndose camino entre las partes rotas con la promesa de algo hermoso, más valioso, más enriquecedor y pleno, por encima y mucho más allá de mis sueños, sueños que había metido en mi carpeta de *algún día*. Lo que no imaginaba yo es que ese algún día había llegado.

Quebranto, hambruna y sequía son cosas hermosas porque eliminan todas las demás distracciones tontas y hacen que te enfoques en lo que es verdaderamente necesario, en lo que realmente importa, eso que es importante a largo plazo. También afina tu visión de lo que tienes a la mano y que tal vez pasaste por alto antes, o cuyo valor no habías sabido discernir.

Lo que yo tenía en mi mano era la capacidad para escribir. Después de trabajar en una agencia de publicidad por años, aprendí a compartir mis palabras y mi corazón de modo eficaz. Mi cuerpo quizá había quedado limitado y atado a casa, ¡pero no mi mente! Lo que había dentro de mí era mayor que mis habilidades o discapacidades externas. Esto me enseñó una valiosa lección.

Hecho. Lo que consideramos caminos sin salida son ciertamente desviaciones hacia una vida mejor y un yo mejor. No existe tal cosa como un final, ¡tan solo un *próximo*!

A la luz de dónde estás ahora, te reto a pensar en todas las cosas que das por sentadas y que otros aprecian o toman nota acerca de ti. Quiero que consideres en oración esa cosa o cosas que pueden funcionarte en esta etapa de tu vida. Me atrevo a decir que si estás en un lugar donde te preguntas qué es lo *próximo* que podría llegar, el verano está más cerca de lo que crees. Quizá la primavera se antoja prometedora, pero sigue estando llena de demoras por todas esas cosas involucradas en prepararte para la cosecha que llegará. Siempre serán necesarias las interrupciones divinas para dar entrada al cambio. Siempre será necesario un grado de quebranto para revelar lo que hay realmente en tu interior, no solo para sacar a la luz lo precioso, sino también para fortalecerte a fin de que seas capaz de soportar el calor.

Verás, tengo que confesar algo. Yo no estaba preparada para el calor del éxito cuando me sorprendió. Con toda sinceridad, me quedé boquiabierta cuando se publicó mi primer libro, *What to Do Until Love Finds You* [Qué hacer hasta que el amor te encuentre].[6] ¡Se vendieron doce mil ejemplares en tres semanas! A eso le siguieron otro contrato editorial, una ráfaga de entrevistas en televisión y radio, e invitaciones a hablar aquí, allá y en todas partes; fue todo bastante embriagador. Mi quebranto me mantuvo con los pies en la tierra... no era posible que fuera yo; tenía que ser Dios. Nunca lo vi llegar y, sin embargo, ahí estaba el verano, lleno de una cosecha de ofertas. Me esforcé por seguir el ritmo.

CUANDO EL CALOR APRIETA

Todo esto para preguntarte: ¿estás listo para el verano? Considera las semillas que has plantado y las que te guardaste por miedo a que te faltara el conocimiento para cultivarlas. Hay más dentro de cada persona, más todavía por descubrir. La prueba, la perturbación y el quebranto son los vehículos del crecimiento, el cambio, y el cumplimiento de todo lo que ha sido depositado en ti. Los cambios e interrupciones separan los hechos de la ficción, el desperdicio de lo útil, y la distracción del diseño y el orden divinos.

En ocasiones, tenemos que recibir una sacudida para mirar con detenimiento con qué estamos trabajando a fin de crear un plan de que dé fruto.

¡Sí! Es necesario un plan. No hacer planes es planear el fracaso. No hay modo alguno en que yo acepte nunca la teoría de

6. Michelle McKinney Hammond, *What to Do Until Love Finds You: The Bestselling Guide to Preparing Yourself for Your Perfect Mate* (Eugene, OR: Harvest House Publishers, 1997).

la evolución. Las cosas se deterioran cuando se dejan a su propia suerte. La mente es lo único que evoluciona. Cuando nos distraemos tanto con lo que deseamos que ocurra, y no planeamos qué hacer, puede que quedemos en un estado peor que el anterior. Creo que esta es la razón por la que existen las estaciones y los procesos. Dios quiere que estemos listos para manejar todo lo que llegue a nuestro camino con gracia y una paz coherente. Él quiere que seamos capaces de mantener y sostener lo que logremos.

Hecho. Hay un ritmo para dominar el verano a fin de que saques lo mejor de ti y de la estación. Dosificarse es importante.

La mayoría de los artistas y las personas exitosas trabajan duro por mucho tiempo para alcanzar sus sueños. Pasan años en los que parece que no está sucediendo nada, y de repente, la fortuna les sonríe. Se convierten en un *éxito repentino*. Nadie está al tanto de todo el trabajo que se hizo en la sombra antes de que el fruto de su trabajo se mostrara al mundo. ¡Se vuelven virales!

En el fragor del momento, incluso tú mismo puedes olvidar lo que te costó llegar allá al estar metido en la vorágine del éxito y todo lo que conlleva. Todos quieren todo lo que tienes que ofrecer, además de una parte de ti. Literalmente, todo eso puede llegar a consumirte, o puedes surfear la ola y aterrizar suavemente con un éxito sostenible en la mano.

Cuando visité Barbados, el país natal de mi mamá, me gustaba mucho ir a la playa y sentarme al sol durante horas. Vivía para la arena, el mar, y el hermoso bronceado que conseguiría como prueba de mis vacaciones. Mientras estaba tumbada en mi toalla escuchando música poco después del mediodía, las ancianitas daban un tranquilo paseo, escondiéndose de los rayos del sol con sombreros de paja de ala ancha. Con sus melodiosas voces, me advertían diciendo: "Querida, deberías cubrirte del sol antes de que te dé un golpe de calor". Ellas conocían el peligro de recibir demasiado calor. Entendían que las virtudes sanadoras del sol también podían volverse letales debido a la sobreexposición. Estar descubiertos y ser vulnerables cuando el sol alcanza su zenit no es bueno. Conduce a la deshidratación, fuertes dolores de cabeza, e incluso la muerte si es un día de sol muy caluroso y brillante.

¿Qué quiero decir? Olvídate de pensar: "¿Puedes soportar la lluvia?". Mi pregunta ahora es la siguiente: "¿Puedes soportar el calor?". ¿Sabes cuándo exponerte y cuándo cubrirte? ¿Sabes cómo buscar el balance entre el éxito y la sensatez? Dios quiere que tengas éxito, pero el éxito nunca debería atraparte. Nunca debería convertirse en la definición o el conductor de quién eres. Todo aquello que soñabas lograr no es quien en verdad *eres*. Es lo que *haces*, lo cual puede cambiar con el tiempo.

LOS ROSTROS CAMBIANTES DE LA FE

Es aquí donde fracasan muchas celebridades y personas exitosas, incluso pastores y obreros en el ministerio. El calor, el rugir de la multitud, y la emoción del ascenso pueden barrernos si no tenemos los pies en la tierra. Si intentamos saltarnos una de las estaciones previas o no vimos el propósito de aquello que atravesamos, nuestro fruto no se sostendrá. Comenzaremos a producir un fruto corrompido, manchado por la carne, y vidas naufragadas.

He llegado a la conclusión de que, en este tiempo, la Iglesia se ha dividido en dos campamentos o modelos. Están los que tienen raíces profundas y están firmes, cimentados, son impecables e intransigentes con la Palabra de Dios. El modelo de la General Motors, por así decirlo. Pueden llegar lejos, ser probados y veraces, impulsados por el Espíritu Santo en el que aún confían para recibir combustible. Después está el modelo liso y brillante, que es atractivo, optimizado, moderno y rápido. Atrae mucha atención y no depende del combustible; se tiene que enchufar para poder llegar lejos. ¡Son eléctricos! Estos son los Tesla, la onda del futuro.

Sus ministerios son todo destellos y apariencia. Algunos tienen sustancia, pero una gran parte no la tiene. Es todo valor nominal y el factor del asombro. Atraen mucha atención y no dependen del combustible; se les olvida que tienen que enchufarse para llegar lejos. Tienen dones; pero carecen de integridad. Tienen carisma; pero carecen de carácter. Cuando salen a la luz sus defectos morales, juegan con la simpatía de las masas, poniendo excusas que menosprecian el poder de Jesús para transformar. Al igual que Sansón, el verano los ha abrumado y causó que olviden su propósito y no respeten su llamado. Lo llaman ser relevante. Me pregunto cómo lo llama Dios. Si no tenemos cuidado, es fácil pasar de ser relevante a reprobado sin ser consciente de ello hasta que la gracia se va. Como Sansón, que se levantó de una cita con Dalila y pensó: *Me escaparé como las otras veces y me los quitaré de encima* (Jueces 16:20, NVI). ¡No se dio cuenta de que el Espíritu del Señor lo había dejado! Asusta...

El verano pondrá a prueba tu resistencia. Probará tu carácter y tus principios morales. Revelará rápidamente si eres apto o no para la batalla, si estás ahí para ganar, y si estás acondicionado para la longevidad. El verano puede ser una gran bendición, pero también puede ser una prueba crítica.

El verano no es una estación para relajarse. Es el tiempo de optimizar tu mente para enfocarte en tu destino y en todo lo que es necesario para cumplirlo con excelencia.

CUANDO TODO CAMBIÓ

¡Espera! No te emociones demasiado. Mantente agradecido, pero también enfocado. Si estás distraído con tus éxitos, te predispones a perderte las pistas importantes. Tu discernimiento de las cosas que pueden hacerte descarrilar disminuye, y comienzan a aparecer errores costosos que pueden robarte tu cosecha. Sé consciente de quién eres, de lo que llevas contigo, y de la razón por la que estás en la tierra. Mantente comprometido con la misión. Sal de ti mismo, sé siempre agradecido y camina en humildad. No pienses más alto de ti de lo que debes, porque esta es la raíz del engaño. Recuerda que toda la gloria es para Dios. Tú eres un instrumento de su propósito, voluntad y plan.

CAMBIO DE MENTALIDAD

- ¿Con qué sueñas?
- ¿Cuál será tu respuesta cuando ocurran esas cosas?
- ¿Cuál es tu plan para sostener y hacer crecer ese logro?
- ¿Qué cosas podrían hacerte descarrilar?
- ¿Qué mentalidad necesitas tener para mantenerte en el camino?

EN RETROSPECTIVA

Las cosas no siempre brotan donde tú las plantas. La raíz viaja desde la semilla y conduce a aventuras inesperadas y ocurrencias autorreveladoras. Las cosas con las que soñamos nunca tuvieron la intención de definirnos, ni evaluar nuestro valor o lo que aportamos a la mesa de la vida. Nuestros logros fueron diseñados para servir a la humanidad y extender el reino de Dios. Cada estación señalará a esta causa. No debemos olvidar nunca a quién servimos y por qué hacemos lo que hacemos cuando llegue el ascenso.

Plantéate esta pregunta: ¿Y si tu verano no se ve como esperabas? ¿Cómo lo manejarás a medida que avanzas?

LA PRÓXIMA ORACIÓN

Esto no significa, por supuesto, que tengamos solamente una esperanza de alegrías futuras; podemos estar llenos de alegría aquí y ahora, incluso en nuestras pruebas y dificultades. Si las tomamos con el espíritu correcto, esas mismas cosas nos darán paciencia. Esta, a su vez, desarrolla un carácter maduro, el cual producirá una esperanza firme que nunca nos defraudará (véase Romanos 5:3-5).

> Amado Padre celestial, a veces me pregunto a dónde conduce todo esto y por qué es necesario. Y entonces tú me dices que es por mi bien, mi crecimiento, el fortalecimiento de mi carácter. No siempre lo veo así porque no la paso bien, y sin embargo veo el resultado al otro lado de mi prueba. Con cada nuevo desarrollo de la situación aprendo que tú permaneces fiel para sacar lo mejor de mí. Tú me has dado todo lo que necesito para vencer las cosas que me desafían. Ayúdame a superar mi tendencia a abdicar y esperar a que me rescates. Ayúdame a usar lo que me has dado para dominar mis circunstancias. Que mi esperanza se mantenga intacta para que espere con paciencia un final positivo. Ayúdame a mantener el espíritu correcto, en el nombre de Cristo Jesús. Amén.

¿Qué cosas sacuden tu fe y reducen tu esperanza?

___

___

___

___

¿Qué partes de tu carácter tienen que madurar? ¿Por qué?

____

____

____

____

Escribe tu confesión de fe a continuación:

____

____

____

____

11

DOMINA EL CICLO

En varias ocasiones estuve caprichosamente al borde de un éxito abrumador solo para ver cómo me golpeaba una repentina ráfaga de aire (conocida como contratiempo) que me hizo retroceder. He hecho mucho dinero y he perdido mucho dinero. Estuve cerca del altar matrimonial solo para ver cómo la relación se esfumaba. ¿Alguien entiende lo que digo? ¿Alguien se identifica? Algunos lo llaman guerra espiritual. Yo lo llamo estaciones. Hay tormentas en cada estación. La primavera tiene sus tornados. El verano tiene sus huracanes. El otoño tiene sus temporales por el choque entre el aire frío y seco, y el caliente y húmedo que provocan los cambios de estación. El invierno tiene sus ventiscas. Cómo soportemos la tormenta y la estación, tiene mucho que ver con nuestro resultado, especialmente cuando se produce de modo recurrente.

Seguro que lo has experimentado. Has sobrevivido con éxito a tu estación y has dado un suspiro de alivio. Sí, lo conseguiste y viviste para contarlo. Entonces, ¿qué pasó? ¿Cómo es que parece que te encuentras de nuevo en el mismo lugar? La naturaleza sigue la ley natural del espíritu. Así como las estaciones se repiten año tras año, las estaciones vienen y van en nuestra vida. ¿Cuántas veces? Tantas como sean necesarias para que demos al mundo el fruto para el que fuimos creados.

Permíteme ayudarte. Las estaciones se repiten, pero cómo las enfrentas tiene que cambiar. La primera vez que experimentas la primavera tal vez no sepas que llueve a menudo, así que te empapas. La próxima vez que llega la primavera eres consciente de las lluvias, y te preparas para ellas. Sales protegido con un impermeable o un paraguas. Puede marcar la diferencia entre que bailes bajo la lluvia o que huyas de ella.

Hecho. Cada estación repetitiva debería darte herramientas que profundicen tu sabiduría, te hagan más resiliente y te lleven a la madurez plena. Se dice que nunca deberíamos tener miedo a volver a comenzar porque no comenzamos desde cero, sino desde la experiencia.

EL PROPÓSITO DE TODO

Cada estación tiene un propósito. No existe separada de la metodología de Dios. Mientras antes podamos discernir el propósito de la estación en lugar de tomarlo como un ataque personal, más rápidamente seremos capaces de aprovecharnos de la estación y salir mejor de la experiencia.

Un amigo me habló sobre un encuentro que tuvo con una mujer que iba vestida con un abrigo acolchado en un día soleado. Cuando se detuvo para preguntarle si estaba bien, ella se puso a la defensiva. Se quejó de que la gente siempre le preguntaba si estaba bien, como si *ellos* estuvieran equivocados y ella fuera la que tuviera razón. Era obvio que no se daba cuenta de que no iba vestida para la estación, provocando con ello que la gente se preocupara por ella.

No saber dónde estamos puede colocarnos en una situación de peligro o simplemente detener nuestro progreso. Evita que recibamos las bendiciones que anhelamos. Todavía peor, entonces no reconocemos las oportunidades, la ayuda disponible y las conexiones divinas.

Percibir, entender y dominar la estación en la que estás te permite alcanzar el resultado que deseas mediante un progreso consistente y firme, y no mediante altibajos emocionales. Te liberará de la ansiedad, la frustración y sí, incluso de la depresión. En lugar de pensar: *Otra vez,* te dirás: "Vaya, esta es otra oportunidad para dominar lo que no conseguí dominar la última vez".

Siempre hay una lección en la estación. Cuando aceptamos esas lecciones, la estación comienza a trabajar para nosotros. Podemos aprovechar la estación en lugar de tenerle miedo.

Compartí contigo que me despidieron de mi trabajo como publicista; pero no era la primera vez, sino la segunda. ¡Sí! El mismo lugar me despidió dos veces. La primera vez que me *dejaron ir* del trabajo (una manera más amable de decir que *me despidieron*) me faltaba entendimiento. No era madura, y yo era un problema. No me tomaba bien las correcciones. Mi ego se interponía y no me dejaba entender que era una empleada. Yo trabajaba para ellos, y no ellos para mí. Imagínate mi sorpresa cuando en mitad de todo el brillo autopercibido, me despidieron.

No manejé eso con nada de brillo. Pasé a modo supervivencia sin considerar el camino hacia adelante. Me sacudió. Fallé hasta que finalmente me desplomé, clamando a Dios pidiéndole ayuda y dirección. Un año después, tras estar totalmente quebrantada, me ofrecieron la oportunidad de regresar a trabajar con mi exjefa. Regresé con una actitud distinta, llena de humildad y entendiendo que estaba ahí para servir, no para ser servida. Mi actitud hacia mi trabajo cambió. Me volví más eficaz haciendo que mi jefa y los clientes estuvieran contentos. Aprendí a dar a otros lo que querían mientras mantenía mi integridad creativa. Ya no veía las peticiones para cambiar mis ideas como un insulto sino como un reto para hacer que mi idea fuera incluso mejor que antes. Dejé de ofrecer resistencia y me hice más flexible. Pasé de ser una niña problemática a una empleada favorecida. Mirando en retrospectiva, le doy gracias a Dios por mi época de desierto. La carencia y un año entero sin empleo me hicieron apreciar mejor el trabajo que tenía, a pesar de que planteaba sus retos. Fue una lección que aprendí con dolor.

OBTENER UNA NUEVA PERSPECTIVA

La segunda vez que me dejaron ir, tuve un enfoque y una respuesta distintos. Sabía cuáles eran mis capacidades. Estaba en paz teniendo que irme, creyendo que era algo bueno diseñado para que sacara partido de mi libertad para perseguir mis sueños. Lo que vi como un castigo la primera vez, ahora lo veía como un beso de parte de Dios y una nueva estación llena de posibilidades infinitas.

Se dice que la actitud lo es todo. La mentalidad proviene de la actitud. ¿Está el vaso medio vacío o medio lleno? Dímelo tú. Cuando se trata de tu vida, ¿es un contratiempo tras otro? ¿O es una oportunidad tras otra para cavar más hondo en ti mismo y destapar dones ocultos y la vasta capacidad que tienes de hacer más de lo que has estado haciendo? ¿Podría ser que lo que ves como un rechazo sea una redirección?

¿Cuál es la diferencia entre dos personas que han enfrentado el mismo reto y, sin embargo, una lo supera y la otra no? La respuesta es sencilla: mentalidad. Lo que establecemos como sistemas de creencia impulsará nuestras acciones.

Vivimos en una cultura que nos dice que sigamos nuestros sentimientos. No hagas eso, al menos hasta que hayas analizado esos sentimientos. Un sentimiento viene de un pensamiento que busca establecerse como una creencia. Una vez que esa creencia echa raíces, genera una acción o una serie de acciones que después determinarán tu destino. El problema es que algunos pensamientos están basados en suposiciones, o reacciones instintivas, o detonantes de experiencias pasadas que pueden impedir que leas con precisión una situación dada. Mi mamá solía decir que la palabra *asumir* forma un círculo vicioso de malentendidos. Por lo tanto, es fundamental no tomar decisiones cuando estás dolido, enojado, asustado o triste. Deja que se disipe la niebla. Examina la idea que está detrás del sentimiento. Quita de en medio tu imaginación si te está impidiendo ver la verdad. Deshazte de los pensamientos de autoderrota y de las suposiciones. ¿Es cierto ese pensamiento? ¿Tiene algún mérito? ¿Sobre qué base? ¿Dónde está la evidencia? Solo después de responder a todas estas preguntas serás libre para tomar decisiones claras e instruidas que te hagan avanzar.

Tras haber determinado la respuesta adecuada versus una reacción a lo que estás enfrentando, debes asegurarte de que también tu motivación sea clara. ¿Por qué estás haciendo lo que haces? ¿Quién se beneficia de lo que tú decides hacer? ¿Cuál es el resultado que quieres? ¿Eres egocéntrico o estás orientado a la solución? Tu motivación debería estar en consonancia con tu estación para que tenga sentido. Hay un tiempo para todo y un propósito para cada estación. El movimiento correcto en el momento equivocado puede parecerse a un movimiento equivocado en cualquier momento y costarte mucho.

Incluso cuando se trata de nuestras palabras, hay un tiempo para decir lo que tienes que decir basado en el efecto que quieres que tengan esas palabras. Expresadas en el momento incorrecto, harán que los demás solo te malentiendan o te ignoren. Solo porque lo sientas ahora no significa que debas decirlo ahora. El oyente quizá no está preparado para recibir lo que tienes que decir, y tus palabras podrían tener consecuencias accidentales.

En ocasiones hay que preparar la atmósfera y las condiciones que te rodean para que estén preparadas para recibir lo que quieres ofrecer. Una palabra dicha de la forma correcta en el momento correcto y en el entorno adecuado puede ser de gran estima, aportándote una cosecha mucho mayor de la que buscabas. Del mismo modo, incluso una palabra correcta dicha en el momento equivocado y en el lugar indebido puede destruir una relación, un trato de negocios o un alineamiento clave. ¿Entiendes la idea? El momento oportuno lo es todo. Puede tener un impacto duradero, ya sea positivo o negativo.

DOMINAR TU MENTALIDAD

Tu mentalidad está detrás de todos los movimientos que haces. Te sentirás obligado a hacer algo sobre la base de lo que crees, pero hay una diferencia entre una reacción y una respuesta. Una reacción genera una acción irreflexiva y basada en lo que está ocurriendo en tu vida, como la patada automática que das cuando un doctor te golpea la parte superior de la rodilla con un martillo de reflejos. Das golpes a los eventos o las palabras que se dijeron, sin medir lo que ocurrió para ver si incluso merecen una respuesta. Como escribió William Shakespeare en *Hamlet*: "Da tu oído a todos, pero a pocos tu voz". No hay que decirlo todo. A veces tu silencio dice más que las palabras y no deja espacio para malentendidos. Cuando hables, que sea una palabra sazonada con gracia y entendimiento.

Recientemente le preguntaron a una celebridad acerca de su amable respuesta a otra celebridad que habló de ella despectivamente. Ella dijo que no reaccionó inicialmente porque en realidad no le importó; sin embargo, después de un tiempo sintió que Dios le incitaba a responder en las redes sociales. Su tierna y amorosa respuesta se convirtió en un momento para enseñar al mundo cómo manejar la ofensa, y se hizo viral en el buen sentido. Se abrieron puertas para ella. Tras años de trabajar en su profesión e invertir en sus sueños, parecía que su influencia se disparó de la noche a la mañana, pero no fue ese el caso. Ocurrió que había perseverado en las estaciones de carencia, rechazos y demoras. Ahora, era su estación. Una respuesta asombrosamente bella en medio de una situación fea fue el catalizador para que miles se enamoraran de ella, de su marca, y de todo lo que tenía que ofrecer, allanando el camino para un notable éxito y el cumplimiento de sus sueños.

Nuestra reacción o respuesta puede llevarnos al éxito o al fracaso. La madurez y la práctica nos llevan al lugar donde podemos ser rápidos para escuchar, lentos para hablar, y reticentes para enojarnos. Considera lo que te molesta. ¿Qué te hace entrar en una espiral? ¿Qué te hace explotar? Siempre habrá una ocasión para reaccionar de modo inapropiado. La vida discurre. Cómo lidias con ello depende de ti. La inteligencia emocional y el dominio de la vida son cosas que todos podemos poseer. Es decisión nuestra.

SER UN AGENTE DE CAMBIO

En la mayoría de las situaciones no es lo que haces, sino cómo lo haces. La amable respuesta de la celebridad se convirtió en un catalizador de cambio. Incluso en la Palabra de Dios vemos muchas historias en las que la respuesta adecuada salvó vidas, mientras que la respuesta errónea les costó mucho a otros, cuando el acercamiento hacia quienes podían haber sido de ayuda estableció la base para determinar si serían amigos o enemigos.

Uno de los ejemplos más clásicos lo vemos en la reina Ester cuando se presenta ante el rey Jerjes de Babilonia para rogarle por las vidas de su pueblo (véase Ester 7:1-6). Era un asunto urgente; sin embargo, con una asombrosa cantidad de estrategia divina, ella preparó dos banquetes para el rey y su enemigo antes de sacar el asunto, aunque Jerjes le había pedido tres veces que le dijera qué podía hacer por ella. Cuando ella se decidió a hablar, sus palabras fueron medidas y golpearon el corazón del rey con una precisión que cumplió su meta. No solo se salvó su pueblo, sino que también recibió un ascenso en su puesto y fue muy bien recompensada.

En una sociedad donde todos comparten enseguida sus sentimientos, y las voces cada vez son más estridentes con respecto a vivir en "su verdad", hay una creciente intolerancia para todo lo que se oponga a la postura de una persona. El yin y yang de la vida ya no se celebra. La triste verdad es que, si todos fuéramos iguales, no todos seríamos necesarios. Dios es el Dios de la diversidad. De alguna manera, incluso las cosas que no consideramos positivas aportan un equilibrio al universo. Se llama sistema de controles y equilibrios. Desafía quiénes somos, el nivel de nuestra integridad, y la profundidad de nuestro carácter. Esta es también una estación que debemos discernir, cuando decidimos qué fruto queremos producir. Tenemos encima las señales de los tiempos.

Cómo dices lo que dices y cómo haces lo que haces marca una gran diferencia en el mundo. Existe el peligro de defender un principio y darte cuenta de que estás solo si el fundamento de tu expresión es erróneo. Cuando no le caes bien a las personas no te ayudarán, y cuando la gente no te ayuda, te duele. Dominar ser amable y permitir que la gente mantenga su dignidad incluso cuando no estés de acuerdo sirve de mucho.

Cuando las personas se sienten empoderadas para hacer lo correcto por ti y para ti, los resultados son notablemente mejores. Las palabras sazonadas y las acciones a su tiempo abren la puerta a resultados positivos y duraderos que no solo te bendicen a ti, sino que, por lo general, tienen un impacto duradero en otros. No te permitas a ti mismo que te hagan *reaccionar,* haciéndote perder el cambio en tu estación. Mantente coherente y sensible a tu guía interior. Reconoce que antes de que se produzca un gran cambio positivo en tu vida, un momento de tentación podría sacarte del espíritu y desviarte de tu meta. Te asaltará, te cegará y te sacudirá. Mantente firme. Mantente con los pies en la tierra. Anticipa que esta es tu estación para la renovación y la restauración. No permitas que nada ni nadie te robe tu nuevo comienzo. No hagas nada que puedas lamentar después, y celébralo todo. No te distraigas con cosas no esenciales. Decide qué es lo que verdaderamente importa y mantente enfocado en eso. Recuerda que lo conseguiste cuando pensabas que no sería posible, pero acuérdate también de no repetir tus tropiezos.

Una de las mayores oportunidades que tenemos en cada estación es aprender de la anterior. Sí, las estaciones regresan, y todos nos encontramos teniendo que repetir ciclos; sin embargo, no todas estas repeticiones son sanas. Poder aprender lecciones de estaciones anteriores para que nuestra próxima estación sea progresivamente mejor, es clave para el proceso de madurez y crecimiento hacia la grandeza.

Hecho. Seamos claros. Algunas estaciones se repiten porque no hemos aprendido la lección. Eso no es saludable. Algunas cosas nos llevan subconscientemente a hábitos poco productivos que siguen invitando a que se produzcan los mismos resultados en nuestra vida.

ROMPER EL CICLO

Si sigues haciendo las mismas cosas una y otra vez, no puedes esperar resultados diferentes. Si estás listo para romper el ciclo y avanzar a una nueva temporada, es el momento de adueñarte de tus cosas y examinar qué te está haciendo llegar al mismo destino una y otra vez, donde todo parece igual y solo cambian los nombres y las caras. Así es como dominas los cambios en tu vida. El cambio es una invitación a la renovación.

Esto puede suceder en relaciones, profesiones, finanzas, e incluso en nuestra vida diaria. ¿Cuántos hemos tenido citas repetidamente con personas con personalidades similares? Sus nombres, tamaños, formas y colores pueden ser diferentes, pero se produce la misma conducta que deriva en otro doloroso final. Cuántos hemos cambiado de empleo solo para encontrarnos con otro jefe igual al último que no soportábamos, ¡pero este es aún peor! ¿Y quiénes hemos perdido los mismos diez kilos repetidamente solo para encontrarnos con cinco kilos de más? Estas son estaciones que creamos dentro de estaciones, basándonos en qué otras cosas están sucediendo en ese momento en nosotros.

Examínate a ti mismo en esos momentos vulnerables en los que estás más abierto a tomar decisiones que no te servirán a largo plazo. Sabes a lo que me refiero. Esa persona que ya sabes que no es la indicada para ti, pero llena el vacío por ahora. Algo no siempre es mejor que nada. ¿Y lo que comes para sentirte mejor cuando estás desanimado, infeliz o insatisfecho? ¿O darte un festín de compras a pesar de tus deudas?

Estos ciclos repetidos de conductas menos que estelares crean en realidad temporadas innecesarias en nuestras vidas. Nuestra negativa a examinar nuestras propias actitudes y la manera en que hacemos lo que hacemos nos hace repetir la misma lección hasta que aprobemos el examen y pasemos al siguiente nivel.

Los ciclos y las estaciones repetidas revelan lo que hemos ignorado o lo que no hemos logrado rendir. Exponen áreas de quebranto y señalan dónde necesitamos obtener sabiduría, madurez o sanidad. No podemos huir de eso. La verdad es el agente que nos da la capacidad de obtener la libertad y la integridad que anhelamos. A la luz de este hecho, cada temporada es buena, incluso cuando no lo parece debido a lo que produce en última instancia si le permitimos hacer su trabajo. Los problemas nos ayudan a desarrollar resistencia y fortalecen nuestro carácter; esto siempre producirá esperanza y la expectativa de un resultado positivo. Eso es lo que producen la experiencia y la madurez. Nos dan la capacidad de responder de manera saludable en lugar de reaccionar. Nos ayudan a adaptarnos cuando se produce el *próximo* cambio, sin ser ya gobernados por la emoción. Nuestra capacidad para tomar decisiones sólidas y sabias surge para enfrentar cada temporada con gracia.

CUANDO TODO CAMBIÓ

Sí, es fácil tener una reacción alérgica a acontecimientos en la vida que no nos gustan o que anticipamos. ¡Literalmente nos ponemos mal! Nuestras emociones no es lo único afectado. Podemos reaccionar físicamente con enfermedad, ansiedad, sudores, y otras muchas reacciones que nunca serán la solución a las cosas que enfrentamos.

Es ahí donde tienes que detenerte, contar hasta diez si es necesario, calmarte, orar, acallar tu alma y hacer una profunda reflexión. Deja que la verdad se asiente en lo más hondo de tu ser. Respira. Siempre hay una solución. Siempre hay un *próximo*.

CAMBIO DE MENTALIDAD

- ¿Cómo está siendo esta estación para ti?
- ¿Qué lecciones valiosas estás aprendiendo de lo que está ocurriendo?
- ¿Cómo vas a usar lo que has aprendido a medida que avanzas?
- ¿Qué resultado quieres? ¿Qué harás para que eso suceda?
- ¿Qué tienes que soltar para que eso ocurra?

EN RETROSPECTIVA

Nunca deberíamos ver las estaciones como un estado de emergencia, sino como acontecimientos normales que surgen en tiempos estratégicos en nuestra vida para ayudarnos, no para quebrarnos. Como termine la estación está totalmente relacionado con cómo la recibamos y el espíritu con el que la aceptemos.

Trata la estación en la que estás como una amiga, y aprende todo lo que puedas mientras anticipas lo *próximo*. Plantéate esta pregunta: ¿cómo reaccioné en el pasado y qué no me ayudó para nada? A la luz de lo que sé ahora, ¿cómo puedo responder diferente esta vez?

LA PRÓXIMA ORACIÓN

> *Restaura nuestro bienestar,* Señor, *como los arroyos renuevan el desierto. Los que siembran con lágrimas cosecharán con gritos de alegría. Lloran al ir sembrando sus semillas, pero regresan cantando cuando traen la cosecha.*
>
> (Salmos 126:4-6)

Amado Padre celestial, tengo la esperanza de que mientras atravieso esta estación de mi vida, daré fruto. Aunque he enjugado lágrimas amargas y he cuestionado por qué tuvieron que ocurrir ciertas cosas, me aferro a mi fe en ti, creyendo que las cosas obrarán para mi propio bien, que sacaré un testimonio de todo esto que revelará tu bondad. No me olvides. Acuérdate de mí en esta estación mientras pongo todo de mi parte para mantenerme fiel a las cosas que tengo por delante. No dejes que mis lágrimas sean en vano. Honra las semillas que he plantado en mi vida, en mi negocio y en mis relaciones. Comprendo que hay altibajos en todo en esta vida. Ayúdame a mantenerme firme cuando sea sacudido, y ser constante incluso cuando vacile entre creer en un gran resultado y preguntarme si me lo merezco, o si estarás ahí para ayudarme. Sé lo que promete tu Palabra. Ayúdame a creer, y agranda mi capacidad de recibir todo lo que tienes para mí, en el nombre de Cristo Jesús. Amén.

¿Cómo te sientes en cuanto al lugar donde te encuentras ahora?

¿Qué esperas cosechar en esta estación de tu vida?

Escribe tu confesión de fe a continuación:

12

¿QUÉ ES LO *PRÓXIMO*?

Bienvenido a esta cosa llamada vida. La vida transcurre, y con ella los cambios. Esa es la realidad que todos debemos enfrentar. Tal vez en ocasiones nos sentimos cegados. Lo inesperado puede sacudirnos con fuerza. No hay una clase Lamaze (técnica de preparación para el parto) para la vida; sin embargo, cuando te detienes y piensas en ello, la vida es parecida a un embarazo. La mayoría de nosotros no somos conscientes de lo que cargamos en nuestro interior, de las infinitas posibilidades y el potencial que nos espera al otro lado de cargar con eso tan pesado en nuestro interior; y después soportar los dolores de parto, y finalmente el alumbramiento de algo que nos hace olvidar el dolor anterior. Es verdaderamente un proceso, en especial cuando aparece lo que no esperábamos. Yo dije: "Un día, escribiré un libro sobre todas las cosas que mi mamá no me dijo". ¿Están de acuerdo conmigo?

Cuando somos niños, anhelamos que llegue el día en que seamos adultos, independientes, y que podamos hacer las cosas a nuestra manera. Nadie nos dijo lo que eso nos costaría. Nadie nos habló de las varias estaciones de la vida y cómo nos afectarían de diversas maneras. Nadie nos habló de las realidades del dolor, la decepción, el rechazo, la aflicción, la enfermedad, del aparente fracaso, ¡o del envejecimiento!

Nadie te habló de las estaciones del *casi* en las que te quedarías a escasos centímetros de tus sueños y los verías desaparecer delante de tus ojos, haciendo que te preguntes si podrían ser una realidad algún día. José, el de la túnica de muchos colores (véase Génesis 37:3, RVR-60), pasó por eso. Tuvo un sueño, y después vio que durante años le ocurrió todo lo contrario a lo que había soñado hasta que finalmente se hizo realidad. La parte irónica de todo eso era que su sueño no fue lo que él esperaba. Fue mayor de lo que imaginó nunca. En realidad, no tenía nada que ver con su agenda personal, y todo que ver con el bienestar de innumerables personas (véase Génesis 45:7). Lo que él no sabía era para qué se estaba preparando en medio de todos los contratiempos que experimentó. Anticipa lo mismo en tu vida mientras te preguntas si tu visión es un mero sueño imposible.

Nadie te habló de la espera. Nadie te dijo lo que costaría llegar a tu próxima etapa: la persistencia, la paciencia, la esperanza, la fe, la determinación, la resistencia, las dosis de realidad y la valentía. Si te lo hubieran dicho, me pregunto si habrías escuchado. ¡Me pregunto si aún habrías deseado lo que querías!

EL VALOR DE LA EXPERIENCIA

Hay algo en nuestro interior que nos hace sentir que estamos exentos de las experiencias confiables de otros. Y, aunque es importante tener nuestra propia revelación de las cosas, también es fundamental saber que no todas las lecciones difíciles hay que aprenderlas por experiencia.

Entiendo que también está ese lugar en tu ser interior que te hará persistir en la persecución de lo que quieres, incluso en contra de cualquier argumento racional. Hay algo mayor que te impulsa, que te empuja hacia adelante de modo incesante hasta que llegas a tu próxima etapa, donde cada revés subraya todavía más tu decisión de alcanzar tu meta. La pregunta es la siguiente: "¿Eres tú, o es Dios?". ¿Estás en temporada o fuera de temporada en tu búsqueda?

Existe una tensión real entre saber cuándo pisar el freno y detenerte, o dejarte ir y caer libremente en lo que Dios tiene esperando para ti. La estación en la que estás te lo dirá. Cuando Dios te da maná, mantente en el camino. Cuando Él seca todo a tu alrededor, es el momento de dejar tu insistencia y seguir adelante. En todas las cosas, camina con las manos abiertas. Si nunca conviertes tus sueños o las cosas que deseas en un ídolo, siempre estarás en buena posición para que las cosas obren para bien. Pero esto es un paréntesis.

Regresemos a todas las áreas que experimentamos con estaciones que podrían sorprendernos con base en la falta de conocimiento. La Biblia nos dice que persigamos el conocimiento y que amemos "a la sabiduría como si fuera tu hermana" (Proverbios 7:4). Creo que sé por qué. Tan solo el conocimiento, la sabiduría y el entendimiento te mantendrán centrado en el transcurso de la vida. Todas estas cosas vienen de Dios. Hay una diferencia entre la sabiduría del mundo y la impartición divina. La sabiduría del mundo se nutre de su propia fortaleza y razón. Es su propia fuente y puede cambiar en cualquier momento. La sabiduría divina viene de lo alto y es relevante en cada estación porque ve la vida a vista de pájaro. Ve el fin desde el principio, y proporciona respuestas para cada altibajo y vaivén de la vida.

Mientras visitaba a mi oftalmólogo, le dije que había comenzado a usar lentes de lectura para ver con más claridad. Él me dijo con toda calma: "Ajá, eso es lo que pasa después de los cuarenta". Le pregunté: "¿¡Quién le ha dicho que tengo cuarenta!?", y él me respondió: "Bueno, su rostro no me lo dijo, pero sí sus ojos. Es bastante común al envejecer". Las palabras "al envejecer" se quedaron resonando en mis oídos bastante tiempo después de salir de la consulta. No había pensado en envejecer hasta ese momento. Yo me sentía igual, tenía el mismo aspecto, sentía que mi cerebro era de veinte años aunque tenía cuarenta. Pero estaba llegando a esa estación en la que las cosas empiezan a alterarse internamente. Mi visión de la vida era diferente. Lo que solía importarme ya no me importaba. ¡Incluso mi gusto por los hombres de cierto tipo había cambiado! Estaba en una estación diferente de la vida sin darme cuenta. Las cosas estaban cambiando silenciosamente dentro y fuera de mí.

CAMBIOS QUE SUFRIMOS

Me encantaría que mi mamá me hubiera hablado sobre el envejecimiento. Tal vez no lo hizo porque durante mucho tiempo ella parecía no envejecer. Cuando le pregunté por qué no me había hablado sobre ciertas cosas, me dijo que no lo había pensado. Ahora que está cerca de cumplir noventa años y tiene varios achaques que nunca pensó que tendría, de vez en cuando se queja del proceso de envejecimiento. Pero hay pequeñas cosas, como lo que sucede en el cuello y debajo de los ojos. Hay pequeños secretos sobre cómo evitar las arrugas. La menopausia, o como yo la llamo "hombre en pausa". Todas estas cosas me cayeron encima ¡sin darme ni cuenta! A medida que envejecemos se producen cambios en nuestro cuerpo, ya seas hombre o mujer. Algunos sufren rigidez. Nos levantamos y nos movemos un poco más despacio, dependiendo del nivel de actividad física que tengamos. Nuestro cuerpo paga el precio si hemos hecho poco ejercicio.

Entran en juego distintos problemas de salud. Los médicos recomiendan pruebas específicas según la edad para asegurarse de que tengas un buen reporte de salud. La dieta se vuelve más importante porque tu cuerpo ya no produce todo lo que solía producir en tus años más jóvenes. Algunas personas desarrollan alergias o artritis. La lista de cambios físicos y experiencias continúa. Es una estación de lo *próximo* contra la que muchos luchan o intentan negar que se está produciendo, lo cual no sirve de mucho.

Hecho. Para todos los *próximos* se deben realizar ajustes para mantener una buena calidad de vida.

En la estación del envejecimiento físico no basta con decir: "Si hubiera sabido entonces lo que sé ahora, habría hecho las cosas de otro modo". Parte del arte de dominar el cambio es saber cómo hacer ajustes y permanecer en ellos. Algunos deciden que están de salida, así que continúan haciendo y comiendo lo de siempre con el argumento de preferir disfrutar, aunque esos hábitos sean perjudiciales para ellos.

No huyas del envejecimiento. Abrázalo. Decide aceptarlo con gracia y ajustar tu *próximo*. Encuentra la emoción en el proceso de cambiar tu estilo de vida para que sea propicio para la estación en la que estás. ¡Has de saber que te has ganado el derecho de estar donde estás!

Aunque envejecer puede llegar con sus propios desafíos, también llega con muchas bendiciones. Poseemos un mayor sentimiento del yo cuando hemos experimentado varios intervalos de la vida y todavía seguimos de pie. Con fortuna, hemos adquirido el conocimiento suficiente para tomar decisiones más sensatas debido a las experiencias pasadas. Ya no comenzamos desde cero cuando experimentamos un traspié. Tenemos una paz mayor porque hemos tomado responsabilidad de nosotros mismos y de la estación donde estamos, mientras también zanjamos asuntos aún no resueltos.

No hay mayor infortunio que ver a alguien luchar contra la estación en la que está al rehusar ser realista y hacer los ajustes necesarios. Para algunos, envejecer es un golpe contra lo que deciden que es su identidad. Los deportistas y los actores en particular pueden luchar realmente contra ello. Para muchos de ellos, su carrera depende de tener un aspecto jovial. Cuando ven que su estación está cambiando, lo consideran un callejón sin salida, mientras que podría tratarse solo de una transición que permita que pase a primera plana otra faceta de sus talentos y habilidades. Los que entienden que nunca se ha terminado, encuentran lo *próximo* con gracia. En algunas ocasiones su carrera se desarrolla y prospera incluso más porque escogen aceptar dónde están en el presente y lo aprovechan.

Lo mismo puede ocurrir contigo. Acepta la realidad de que en esta estación no puedes hacer lo que hacías en la estación anterior. Considera el final de la estación anterior como el inicio de una nueva con infinitas posibilidades.

Muchos experimentan el envejecimiento en dos niveles: su propia experiencia personal y la de padres que envejecen y necesitan más cuidados. Tomar las decisiones correctas para cuidarlos puede ser abrumador y demandante. También es traumático darse cuenta de que están cada vez más cerca de pasar de esta vida a la siguiente. La demencia y la enfermedad de Alzheimer están en aumento, y muchos ven a sus padres distanciarse de ellos ante sus propios ojos a medida que avanzan interiormente hacia un lugar donde quienes los cuidan no pueden acompañarlos. Nada puede prepararte para un tiempo en el que te vuelves un desconocido para quienes te criaron. Y entones, un buen día, se van. Sabías que la muerte era una realidad hasta que te visitó, desgarrando tu corazón mientras intentas entender la finalidad de su partida, y tienes que aceptar que finalmente llegó la hora de decir adiós. Algunos nunca lo hacen, pero es necesario. De nuevo, otra estación ha llegado a su fin.

El envejecimiento representa una progresión en nuestras estaciones. Pasamos de la infancia y la inocencia a la niñez, la curiosidad y el aprendizaje, para pasar a la adolescencia de la experimentación y el entrenamiento, y después llegar a la edad adulta. La última estación incluye entrar en el mundo laboral, casarse para algunos, tener una familia, formar un hogar, entrar en una profesión, y crear un legado duradero. Cada estación nos madura para llevarnos hacia quienes somos, y da forma a cómo vivimos y dejamos nuestra marca en el mundo. Hay una temporada para dar a luz ideas y sueños. Hay una temporada para crecer en lo físico, lo espiritual y en lo mental. Hay una temporada para practicar todo lo que hemos aprendido, para ser productivos y fructíferos.

Hay una estación para descansar. Incluso Dios descansó, no por agotamiento sino para apreciar su creación. Se tomó el tiempo de examinar y celebrar todo lo que había hecho. No se jubiló. La palabra *jubilación* me hace pensar en volver a estar otra vez cansado. No estoy condenando la jubilación, pero creo que nuestra última estación tiene que ver con crear un legado. Cuando Dios terminó de crear, pasó a transformar la humanidad en una imagen duradera de sí mismo mediante la obra de redención y regeneración por su Espíritu. Para dejar un legado, los ancianos tienen que enseñar a los jóvenes y transmitir su sabiduría a la siguiente generación. Se llama dejar puestas tus huellas, porque finalmente, la próxima estación será tu partida de la tierra para pasar a lo *próximo*.

TIEMPOS DE CAMBIO

Nuestra vida es como la arena de la playa, siempre cambiante bajo las mareas. El mar borra las últimas huellas, dejando una pizarra limpia para crear otras nuevas. A medida que envejecemos, tenemos varias relaciones, lo cual también tiene sus estaciones: primavera, invierno, verano y otoño. La primera ráfaga de romance es parecida a la primavera, nueva, bonita y esperanzadora. El verano es la creciente pasión que hace arder nuestro corazón y nos hace decir: "Sí, quiero pasar el resto de mi vida con esta persona". El otoño es un tiempo para construir y plantar un futuro juntos. El invierno podría ser un millón de cosas distintas: grandes decepciones, tragedia de algún tipo que golpea, pérdidas devastadoras... Algunos consiguen superar el invierno. Otros no.

La realidad es que en cada estación el tiempo no siempre es perfecto. La lluvia no nos hace odiar la primavera; simplemente nos hace esperar los días soleados que sabemos que llegarán. Como en las estaciones naturales, quienes se mantienen firmes y hacen los ajustes necesarios consiguen llegar a un clima mejor. Me resulta interesante que la mayoría de las parejas felizmente casadas dicen: "¡No siempre ha sido así! ¡Atravesamos momentos muy difíciles!". No existe tal cosa como un matrimonio perfecto y sin incidentes. Todos son probados en algún momento. Las parejas que perduraron decidieron que, incluso al enfrentar percances, decepciones y a veces incluso la infidelidad, no era el final sino tan solo un desvío para lo *próximo* en caso de que decidieran continuar el viaje juntos.

Las relaciones pueden ser estacionales o de toda una vida, pero en cada una de ellas siempre habrá cambios: estaciones del corazón. Cada día será distinto. Algunos días te gustará la persona de tu vida, y otros días no. Habrá temporadas de decepción, necesidades no suplidas, malentendidos, ofensas, perdón, crecimiento y descubrimiento, y temporadas de romance, matrimonio, divorcio y viudez. Todo sucede. Sin embargo, el amor y la esperanza brotan eternamente, cambiando y sin verse nunca igual. Ninguna se puede predecir, y se anticipe o no, debemos enfrentar la realidad de cada estación y confiar en ella. Vístete para la ocasión, y continúa avanzando.

Todo empresario exitoso te dirá que hay estaciones que debes soportar para conseguir tus metas. Incluso la Bolsa de Valores tiene sus estaciones, un mercado a la baja en el que los precios de los valores bajan, y un mercado alcista en el que suben. Algunos venden cuando los precios caen; temerosos de capear la estación, pueden perder grandes dividendos. Los que esperan, cobran esos mismos valores abandonados cuando el mercado vuelve a subir. Se nos ha enseñado a comprar a la baja y a vender al alza, pero algunos no tienen la valentía para soportar en medio de esas fluctuaciones

Incluso las personas más ricas del mundo han sufrido grandes estaciones de pérdida, pero se recuperaron para volver a sentarse en la cima del mundo. Ellos te dirán que la disposición a correr riesgos y confiar en la adversidad fue la clave para cambiar de estación y hacer que las pérdidas obraran a su favor.

Hay estaciones para plantar invirtiendo en un negocio o un sueño, fertilizar cuando uno ha nutrido relaciones, empleados o hábitos correctos, estaciones de mantener el nuevo crecimiento, y después estaciones de poda. La poda es necesaria para eliminar las cosas que obstaculizarán el crecimiento futuro.

DE REGRESO AL JARDÍN

Las corporaciones pueden realizar una gestión del cambio para observar el negocio de forma global, determinar lo que está produciendo y lo que no, y averiguar por qué. Quizá descubran en el proceso que tienen que dejar ir a algunos empleados, contratar a otros nuevos, o anular algunos departamentos que no están produciendo. Lo llaman *recortar lo superfluo* para volverse más eficientes, productivos y rentables. Puede que haya que redefinir y ajustar algunos procedimientos. Se deben hacer cambios para aumentar la eficiencia y los ingresos. Sí, a mí me suena como la vida misma profesionalmente, en lo personal, y sí, incluso también en lo espiritual.

Tal vez sea necesario trasplantar y podar una planta en la casa para que crezca más, se fortalezca y dé más fruto. Quizá no parecerá atractiva al principio, pero el resultado final será hermoso. Recuerdo pasar por un viñedo cuando las vides habían sido podadas. Se veía bastante desolado y lamentable, pero al final de la temporada las vides estaban cargadas de uvas exuberantes y hermosas, una ilustración maravillosa de los beneficios de la poda. En lugar de tener miedo al proceso, deberíamos anticipar con alegría el resultado final. Estar dispuestos a perderlo todo para ganarlo todo. La pérdida nunca es permanente; es la entrada a lo *próximo*.

Todos necesitamos una estación de reinvención. Nada se mantiene siempre igual. No es posible. Eso se llama estancamiento, lo cual conduce a la muerte. Las personas más exitosas son las que pueden transformarse y reinventarse en tiempos de cambios. Cuando llegó la pandemia de la COVID-19 muchos tuvieron que cambiar la forma de hacer los negocios, la manera de relacionarse con la Iglesia y su vida personal para mantenerse a flote bajo el diluvio de la incertidumbre. Las empresas descubrieron que los trabajadores eran realmente más productivos cuando trabajaban desde sus casas. Esto ha cambiado el comercio y el panorama ocupacional. Se han establecido nuevos parámetros. La semana laboral ahora parece drásticamente distinta para muchos. La manera en que hacemos negocios ha cambiado y se ha revolucionado para siempre.

UN NUEVO ENFOQUE

Como observé anteriormente, las iglesias descubrieron que la asistencia subió en línea. Para muchas ocurrió lo mismo con las ofrendas, ya que su audiencia aumentó más allá de sus asistentes regulares al llegar a todo el mundo. Sin un lugar donde ir y números interminables de personas buscando respuestas y esperanza, la Iglesia tuvo una audiencia cautiva y se convirtió en una producción al desarrollar formas para hacer que su presencia en el internet fuera atractiva para las masas. Los que nunca habían asistido antes a la iglesia ahora lo hacían desde la comodidad de sus hogares. Algunos veían más de un servicio. Los espectadores ahora tenían la libertad de descubrir nuevos maestros. Para mí eso significó preparar un espacio de reunión en línea (*MMH Hangout*) donde hombres y mujeres de todo el mundo estaban en línea cada semana para conectar y escuchar a grandes oradores, gracias a la asombrosa invención de Zoom. El obstáculo de no poder estar presentes físicamente con las personas no me impidió llegar a ellas en las ondas en un tiempo en el que la necesidad de ánimo era muy grande y necesaria. Las personas encontraron nuevas maneras de conectar. La vida nunca volverá a ser igual en ningún sector debido a las innovaciones que se crearon en un tiempo en el que el mundo aparentemente estaba cerrado.

Hecho. Somos personas resilientes. La necesidad es, sin duda, la madre de la invención. Las varias estaciones que experimentamos demandan que encontremos maneras nuevas de actuar y expresarnos. Las estaciones aceleran nuestra capacidad para vivir la vida al máximo, forzándonos a descubrir nuevos caminos y los medios para continuar con nuestro viaje.

Ante la crisis de los combustibles, se ha inventado el automóvil eléctrico. Esto no se produjo antes porque no existía la urgencia, pero ahora es una estación distinta. Diversas expresiones de la potencia solar se usan ahora para ayudar a los que tienen escasez energética. La determinación de sobrevivir pondrá una demanda sobre nuestra creatividad que dará a luz soluciones asombrosas si persistimos en el ejercicio de la vida.

SENSIBILIDAD ESTACIONAL

Ser sabio puede ayudarnos a navegar por las estaciones económicas en el mundo. Aunque son universales, nos afectan de modo personal. Muchos viven de salario en salario sin prever el futuro. Muchos se encuentran en sus últimos años sin tener un fondo de jubilación porque no planificaron bien. Nadie les dijo que invirtieran en su futuro mientras disfrutaban del presente. Históricamente, ha habido temporadas de gran opulencia y luego depresiones económicas. No siempre se pueden prever, pero son inevitables. Es parte del ciclo de la vida. Hay fluctuaciones en todas las áreas. Aunque Dios ha prometido que prosperaremos en medio de la hambruna, tenemos que actuar con su sabiduría para que eso ocurra.

Incluso la naturaleza es consciente de las estaciones. Las anticipa y se prepara para ellas guardando provisiones para la estación de escasez. ¿Cuánto más nosotros deberíamos ser conscientes de las estaciones y prepararnos para ellas? El verano para las hormigas, ardillas, castores, ratones y algunas especies de aves no es solo un periodo de disfrute; también almacenan diligentemente lo que no estará disponible en invierno.

Cuando eres joven, existe la tendencia a pensar que las cosas continuarán siempre como están. A medida que maduras, te das cuenta de que esa no es una evaluación precisa. Las cosas cambian. La vida transcurre. Se producen cambios. ¿Puedes adaptarte? ¿Puedes lidiar con el cambio? ¿Y estás preparado para ello?

Finalmente, no ignoremos las estaciones del alma: los momentos alegres, cuando la fe está al máximo y todo parece ir bien; y también los tiempos oscuros de sentirte abandonado y solo, preguntándote si Dios te escucha. A medida que maduras en tu fe, encuentras un balance entre la fe y el miedo, la alegría y la desesperación, la paz y el caos, la confianza y la duda. Sin embargo, dependiendo de la prueba que enfrentes, puedes volver a visitar una temporada que pensabas que ya habías superado.

El hecho de que alguien tan poderoso como el profeta Elías pudiera sufrir un brote de ansiedad, depresión, e incluso pensamientos de suicidio, es asombroso e impactante. Estaba viviendo una verdadera estación lúgubre del alma después de que Jezabel amenazara con matarlo. Huyendo por temor, Elías "pidió morirse": *Basta ya, Señor; quítame la vida, porque no soy mejor que mis antepasados que ya murieron* (1 Reyes 19:4).

Job, otro famoso personaje bíblico que lo perdió todo, lamentó el día en que nació, diciendo: *¿Por qué no nací muerto? ¿Por qué no morí al salir del vientre?* (Job 3:11). Sin embargo, estaba lleno de conocimiento de los caminos de Dios, y la gente buscaba su consejo.

Jesús atravesó una estación oscura en el huerto de Getsemaní al enfrentar la espantosa tarea de hacerse pecado por nosotros (ver 2 Corintios 5:21). Temiendo la inminente separación de su Padre, lo cual no había ocurrido nunca antes, dijo a sus discípulos: *Mi alma está destrozada de tanta tristeza, hasta el punto de la muerte* (Mateo 26:38).

DEJA QUE EL TIEMPO HAGA SU EFECTO

Todos experimentamos esas estaciones oscuras.

No te castigues; tan solo habla contigo mismo, disciplínate para detenerte, y haz el trabajo de corazón para descubrir por qué estás ahí. Ten en mente que eso también pasará, pero lo que hagas en esa estación es de suma importancia. Hagas lo que hagas, no tomes ahora decisiones importantes. Las emociones pueden engañarte y hacerte llenar cheques que te sean devueltos, o que hagas compromisos que después lamentarás. ¿Cómo te haces camino durante esos tiempos que pueden hacer que salten todos tus resortes y afectarte tanto que llegue a faltarte la claridad? Detente. No tengas prisa por resolver un problema. A veces el tiempo hace su mejor trabajo cuando no haces nada.

Clama a Dios. Quédate quieto y conoce que Él *es* Dios. A Dios le gustas. De hecho, te ama y siempre tiene contigo las mejores intenciones. Busca consejo si es preciso. No te avergüences de decir que necesitas ayuda. No intentes vivir la vida tú solo.

Fuimos hechos para la comunidad. No fuimos creados para el aislamiento; sin embargo, el orgullo crea una cárcel que alarga el periodo de los lugares oscuros que visitamos. La luz y la verdad son nuestras fuentes de libertad y renovación. Al acercarnos a otros y conseguir la ayuda y el apoyo que necesitamos, somos empoderados para hacerlo.

Hay momentos en los que solo Dios puede hacer la obra. Cuando Elías estaba deprimido, descansó en la presencia de Dios. Los cuervos y los ángeles le dieron comida y agua (véase 1 Reyes 17:6; 19:6). Dios lo fortaleció para continuar su viaje. No se pusieron excusas ni se aceptaron. A Elías se le dio tiempo para recuperarse, pero no para que se revolcara en su remordimiento, nutriera sus temores y reviviera en su cabeza los acontecimientos que le hacían sentir como se sentía. Dios lo reafirmó diciéndole que no estaba solo ni abandonado, y envió ayuda para asistirlo.

Cuando estamos absorbiendo mucho retroceso, negatividad o presión, tenemos que dedicar el tiempo que sea necesario para sanar, pero también debemos aceptar la ayuda.

El impulso de los grandes logros puede conducir al agotamiento si no nos cuidamos de dosificarnos. Nuestro cuerpo tiene una caja de fusibles interna que se puede venir abajo cuando estamos sobrecargados, causando síntomas de depresión, ansiedad y agotamiento. Nos hace detenernos en seco. No tenemos ganas de hacer nada. ¡Algunas personas incluso pierden el apetito! El cuerpo está gritando: "¡Un descanso!" mientras procura recuperarse y repostar. Solo podemos evitar el sobrecalentamiento e implosionar si nos dosificamos en el fragor de la estación. Antes de que Elías contemplara el suicidio, ¡acababa de experimentar el verano! Había derrotado a una horda de profetas, corrió delante del carro de Acab todo el camino y básicamente había actuado como si fuera un superhéroe (véase 1 Reyes 18:40, 46). Estoy segura de que fue una experiencia embriagadora en ese entonces, y sin embargo rápidamente se encontró en medio del invierno por lo que había logrado en el verano. Produjo una amenaza distinta para su vida que le hizo correr para ponerse a salvo y cuestionar a Dios.

Un famoso actor que se deshonró públicamente en una de las noches más importantes de su vida dijo que le habían aconsejado que los ataques llegarán cuando estemos en nuestros momentos más elevados. Esto lo dijo después de fallar la prueba miserablemente. Antes o después de nuestro verano, a veces nos sorprenden cosas que nos pueden atrapar en una espiral descendente. Aún más, diré que este es el patrón: ir y venir. Si consideramos las tormentas de primavera que conducen al verano, vemos claramente una actividad masiva diseñada para hacernos abortar nuestra cosecha y evitar que lleguemos a nuestra próxima estación.Final del formulario

La estación transitoria siempre es tenue y frágil. Puede suceder cualquier cosa. Como observó el rey Salomón: *Las mandrágoras están en flor* (Cantar de los Cantares 7:13, TPT traducción libre), pero *nuestras viñas están en cierne* (Cantar de los Cantares 2:15, RVR-60), vulnerables a los elementos internos y externos.

Tu mente puede hacer más daño que las influencias o las voces externas. Debes obtener claridad personal y atravesar eso. Cuando llegues al verano, disfrútalo, pero no abandones la disciplina. Será un requisito para sostener y mantener lo que adquieras y logres.

EN EL ESPÍRITU

Nuestro elemento espiritual es invisible al ojo natural, pero obvio para el que discierne. En esta vida hay dos equipos: uno que nos anima a ir por lo *próximo*, y el otro que trabaja en contra de ello. La persistencia, la inteligencia emocional, entender el proceso, y un sentimiento de propósito, son los pilares que nos mantendrán arraigados hasta que florezcamos y demos fruto en nuestra estación.

Es importante escuchar la voz correcta que habla más claro que tus circunstancias para mantenerte en un estado de paz sin tener en cuenta la estación en la que estés. Esta voz te dará una visión más allá de donde estás y aquello que enfrentas. La voz de Dios te dará dirección y arrojará luz en la oscuridad de la incertidumbre durante los tiempos de cambios y de prueba. Esta conexión íntima te guardará y te dará la fuerza para hacer ajustes, cambiar de dirección y si es necesario, ir de donde estás actualmente a lo *próximo*.

Oh sí, habrá muchas voces y opiniones. Mi mamá solía decir: "Las opiniones son como los traseros de las personas; todos tienen uno, algunos son más atractivos que otros". Las voces pueden ser fuentes de ilusión y de confusión. Acalla tu alma. Busca un lugar tranquilo. Escucha el "silbo apacible y delicado" (1 Reyes 19:12, RVR-60) que te aconsejará en el camino a seguir. Inclínate hacia los brazos y la voz de Dios, que nunca te guiarán equivocadamente. En ocasiones su dirección no tendrá sentido, pero siempre dará frutos si obedeces.

Algunas cosas no se revelan inmediatamente, como Noé cuando construía el arca antes del diluvio. Se acercaba lo *próximo* y él estaba listo, mientras otros se burlaban de lo que estaba haciendo. Abraham no sabía a dónde iba, pero decidió que lo sabría cuando llegara.

La conclusión para todas las estaciones es que ninguna será igual y requerirá un tipo diferente de fe, respuestas diferentes, y que sucedan cosas diferentes. Permanecer abierto y flexible al cambio es necesario. Tu insistencia en que las cosas permanezcan igual obstaculizará tu progreso y tu capacidad para obtener los resultados deseados. El Señor de las estaciones es quien mejor puede decirte cómo hacerte camino entre los altibajos de la vida y, en última instancia, ayudarte a cosechar y disfrutar de tu cosecha, ¡con la anticipación de otro maravilloso *próximo*!

CUANDO TODO CAMBIÓ

Es inevitable que se produzcan cambios, pero tenemos opciones en cuanto a cómo respondemos a ellos. Tengamos siempre en mente el resultado que deseamos cuando lleguen los dolores de parto del cambio. Hay un tiempo para aferrarse a lo que antes nos alimentaba y saber cuándo soltarlo. Para los israelitas en Egipto, lo que antes fue una tierra de refugio se convirtió en un lugar de esclavitud. Saber cuándo salir es tan importante como percibir cuándo entrar y cuánto tiempo quedarse. Ver cada etapa como una oportunidad y no como un inconveniente nos empoderará para vivir nuestra mejor vida en cada estación.

CAMBIO DE MENTALIDAD

- De todas las estaciones mencionadas, ¿cuál estás experimentando ahora?
- ¿Cuál es tu mayor preocupación?
- ¿Qué opciones tienes para avanzar?
- ¿Qué tienes que hacer para sacar el mejor partido de esta estación?
- ¿Qué nueva mentalidad tienes que abrazar para evitar repetir errores anteriores?

EN RETROSPECTIVA

En retrospectiva, deberías examinar patrones de conducta pasados en otras estaciones que sean similares a aquel en el que estás actualmente. Esto se convierte en un tiempo para examinar si anteriores respuestas te sirvieron y qué tienes que cambiar ahora. Además, sobre la base de lo que has aprendido, decide cómo te dosificarás para avanzar.

Plantéate esta pregunta: ¿cuál es mi resultado final deseado y qué tengo que hacer de otro modo para que suceda?

LA PRÓXIMA ORACIÓN

> *Pero deben seguir creyendo esa verdad y mantenerse firmes en ella. No se alejen de la* ***seguridad*** *que recibieron cuando oyeron la Buena Noticia.* (Colosenses 1:23)

Amado Padre celestial, te alabo porque tú conoces el fin desde el principio. Tú lo ves todo. Tú lo sabes todo. Tú sabes el camino que tomo. Tú has escrito todos mis días en tu libro, y no te sorprende ninguno de los eventos que han ocurrido. Cuando llegue a mi límite, ayúdame a encontrar el principio de ti. Es en ti donde encontraré lo *próximo*. Ayúdame a recordar eso. Cuando me vea tentado a perder la esperanza y pensar que todo ha terminado y que lo mejor de mí ya ha pasado, recuérdame tus promesas. Aclara mi visión para ver que siempre hay algo más allá de donde vivo. Recuérdame la seguridad que me has dado para la vida. Ayúdame a estar firme en lo que sé, pero que se me olvida de vez en cuando. Llévame a estar balanceado y renueva mis expectativas de las cosas que llegarán. Creo en ti para lo *próximo*, en el nombre de Cristo Jesús. Amén.

Si el dinero y el tiempo no fueran un problema, ¿qué estarías haciendo con tu vida?

____

____

____

____

¿Cómo te gustaría que fuera lo *próximo* para ti?

____

Escribe tu confesión de fe a continuación:

13

TODOS LOS CAMBIOS SON IMPORTANTES

Echa un vistazo a tu alrededor. Se ha producido un cambio en el mundo que nos ha colocado en un camino acelerado de cambios importantes. El mundo pasó de un año de confinamiento a un regreso intermedio y a una actividad plena de algún modo, pero nunca ha recuperado del todo su inercia anterior. Sin embargo, por otro lado, las cosas se han acelerado febrilmente mientras el mundo entero lidia con su economía, liderazgo político, escasez de productos, la muerte de grandes personas de influencia en nuestro mundo, ¡todo lo habido y por haber! Varios líderes políticos se han visto obligados a renunciar, y la gente se ha echado a las calles para hacer oír su voz como protesta por numerosos problemas. Hay tensión en el ambiente. La gente está enojada, insatisfecha, y totalmente hastiada. La gracia de antes parece haber desaparecido a medida que una generación más expresiva se niega a aceptar las cosas sin protestar. Ya sea que veas esto como algo bueno o malo, es un indicador de tiempos cambiantes.

Plagas y pestilencia, condiciones climáticas extremas, turbulencia política, incertidumbre económica, personas que abandonan el autocontrol, racismo, odio y derramamiento de sangre, enemistad y persecución religiosas, guerras y rumores de guerras… suena familiar, ¿cierto? Los dolores de parto son señales de inicio de los tiempos; la estación final está más cerca que nunca, donde todos pasaremos a un *próximo* más grande.

La eternidad no es una realidad para muchos, así que viven vidas cortas de vista, ansiosos por la urgencia de conseguir todo *ahora*, cuando "esto es todo lo que hay" se convierte en la mentalidad predominante. Sin embargo, encontrar una utopía en la tierra es el colmo del pensamiento irrealista. Eso es lo que nos espera en lo *próximo* eterno. Principio del formulario

Aquí es donde debemos ser sensibles y conscientes de la cultura cambiante que nos rodea. Cuando caminamos con consciencia, sabemos dónde pisar, qué hacer o no hacer, y qué decir o no decir. Reconocemos momentos críticos para saber cuándo debemos intervenir. Podemos enfocarnos en lo que realmente importa y mantener una visión clara de nuestra meta final. Las cosas que cambian acerca de nosotros no deberían influir en nuestro propósito ni impedirnos cumplir la tarea para la que fuimos creados. La misión no cambia, pero la forma en que la llevamos a cabo puede cambiar. Negarnos a ajustar nuestros métodos para ser relevantes en el lugar donde estamos y con las personas a las que estamos llamados a influenciar, es como insistir en hablar español en un país extranjero que habla otro idioma.

Lo que estás diciendo puede ser extraordinario, pero si nadie te entiende, ¿de qué sirve? ¿Cómo dejas un impacto? Esto puede causar incomodidad a muchos. La gente quiere cambio, pero no necesariamente quiere cambiar. Suena a locura, ¿verdad? Pero la forma de sintonizar con lo *próximo* es seguir siendo relevante en cada cambio y estación.

SEGUIR SIENDO RELEVANTE

Entonces, ¿cómo nos volvemos intencionalmente relevantes sin transigir? En un mundo donde ahora se penaliza a las personas por ser políticamente incorrectas, por cometer un desliz verbal, o por no utilizar las letras y los pronombres correctos, ¿cómo nos hacemos camino con gracia y amor para marcar una diferencia positiva? Para algunos, la libertad de expresión ya no significa libertad para expresar opiniones libremente. Debemos ser sensibles, leer el entorno, medir nuestras palabras y respuestas, y discernir los tiempos para que lo que digamos esté bien ubicado y se reciba en el espíritu en el que se dio. Tenemos que reconocer que no todo requiere una respuesta. Hay un tiempo para hablar y un tiempo para callar.

Más que nunca, debemos ser conscientes de la estación. Revisa dónde estabas cuando aprendiste lecciones invaluables, reubícate para dominar el nuevo terreno que tienes ante ti, y reformúlate para atraer a una audiencia más amplia en el trabajo, en casa, en tu comunidad y en tus relaciones interpersonales. Tu territorio, que puedes influenciar de maneras que aún no conoces, se está expandiendo. La vida no se trata de conseguir fama; se trata de mejorar la calidad de las vidas a las que has conseguido tener acceso. Las redes sociales influencian a los jóvenes e incluso a los adultos. La presión de vivir vidas poco realistas es real debido a imágenes falsas. Aquí tienes la oportunidad de reflejar el poder de ser real y el valor de la autenticidad. Significa que irás en contra de la corriente del sistema mundial. Se necesita valor para mantenerse firme frente a voces opositoras, pero es el camino hacia lo *próximo*.

Aprende a saber qué tomar en serio y qué cosas son meras distracciones de lo que realmente importa. Permíteme decirlo de nuevo. Algunas cosas son meras distracciones: humo y espejos diseñados para desviarte y sacarte de tu estación. Una reacción equivocada puede demorarte y robarte el futuro que imaginaste, todo porque no leíste el entorno, no sentiste la atmósfera, o pasaste por alto leer entre líneas.

Conoce la cultura a la que te estás dirigiendo, ya que puede cambiar de país a país, de estado a estado, de ciudad a ciudad, de empresa a empresa, de iglesia a iglesia, de habitación a habitación, e incluso de persona a persona. Jesús tenía el don de conocer a su audiencia. Comprendía la estación y qué mentalidad prevalecía debido a ella. Así era como conseguía ser relevante sin importar a quién estuviera hablando. Se dirigía a los pescadores usando términos de pesca que les importaban. Podía conectar con las masas sin ofender a nadie... salvo a las personas religiosas. Ah, esas maravillosas personas religiosas. A Él realmente no le importaba sacudirlas. No eran su audiencia.

Conoce a tu audiencia. Tratar de complacer a la audiencia incorrecta puede impedir que llegues a lo *próximo*. Esto se aplica a todas las áreas de la vida. Si estás considerando el matrimonio, necesitas conocer la cultura familiar de tu prometido o prometida. Puede ser diferente a la tuya. Puede que necesites hacer algunos ajustes. Como mínimo, deberías ser consciente de lo que te espera. Cuando consigues un nuevo empleo, tienes que conocer la cultura de la empresa. ¿Cuáles son sus valores? Esas cosas afectarán tu capacidad para tener éxito en el trabajo. En general, debes estar atento.

Las cosas están cambiando rápidamente. Para seguir siendo relevante e impactante debes ser consciente de las dinámicas que están en juego a tu alrededor, ya sea que te gusten o no, ya sea que sientas que son correctas o no. Es la realidad actual. Puede que no te importe, pero a alguien le importará. Al final, todo en todas partes afecta a todos en algún momento. Siempre se cosecha lo que se siembra, y nunca parece ser un momento conveniente cuando eso sucede. Mantente al corriente para que puedas orientarte bien.

UBÍCATE

Nuestro espíritu tiene que operar como un GPS, capaz de detectar dónde están los atascos para evitar quedarnos atrapados. Necesitamos esa capacidad interna en este momento. Dios es omnisciente; por lo tanto, debido a la conexión que Jesús tenía con su Padre, siempre estaba bien informado sobre con quién y con qué estaba tratando. Debido a eso tuvo éxito en su misión de añadir al reino de Dios. Tenía un gran seguimiento debido a su habilidad de conectar con hombres y mujeres de todo tipo. Fue el rey de la reinvención, y ha seguido siendo relevante hasta el día de hoy porque se convirtió en la solución para lo que se necesitaba en ese tiempo, y en todos los tiempos. Pasó de ser el Rey de la gloria en la Creación a ser un hombre mortal y maestro, luego se convirtió en nuestro Salvador, Redentor e Intercesor. Regresará como el Rey reinante. Mientras tanto, su Espíritu está con nosotros para ayudarnos diariamente como Consejero, Consolador, y quien nos capacita para lo que necesitemos. Él anticipa lo *próximo* y nos equipa para manejarlo.

Los hermanos de José lo vendieron como esclavo, pero logró superar las cadenas de la esclavitud y dominar su próxima fase en una hermosa historia que no nos habla de todos los dolores o traumas que sufrió (véase Génesis 37:28; 39:20). Tras ser traicionado por sus hermanos, falsamente acusado, y encarcelado en una cultura que ni siquiera hablaba su idioma, José siguió adelante y sacó el máximo partido a su situación hasta llegar a lo *próximo*. ¿Cómo? Siendo la solución a las necesidades de las personas a las que servía. Desde Potifar hasta el carcelero, y finalmente el Faraón, siguió ascendiendo a la cima en cada circunstancia (véase Génesis 39:2-6; 39:21-23; 41:37-44). Finalmente, se convirtió en la mano derecha de Faraón, todo porque miró más allá de su propio dolor y contratiempo para ser la respuesta a la necesidad de otra persona.

Lo *próximo* en tu vida depende de tu capacidad para suplir necesidades actuales. En tu lugar de trabajo, tus relaciones interpersonales, tu familia y reuniones sociales, dedica tiempo a ver a las personas ahí donde están. Siente cuál es la estación en la que están, su cultura y sus necesidades.

¿Qué necesitan? Más que nunca, las personas necesitan verdad unida a amor y autenticidad. Solo quieren algo que sea real. Cuando no logramos ser auténticos en nuestros encuentros con los demás, se pierde la conexión. Puede que ni siquiera sepan por qué no pudieron recibir de nosotros, porque es algo espiritual.

Todos los cambios importan porque, con suerte, te están moldeando y convirtiendo en la persona que fuiste creado, una persona que llevará un impacto positivo y duradero a aquellos divinamente asignados a tu círculo. Lo *próximo* tiene que ver con las vidas de otros además de la tuya. Tu vida es más grande que tú. Mientras anticipas lo *próximo* en tu vida, alguien necesita que le muestres el camino hacia lo *próximo* en la de él o ella.

Todos estamos juntos en esta carrera llamada vida. Debemos ser capaces de pasar el bastón a la siguiente persona ¡y seguir adelante! Las semillas que plantas ahora producirán una cosecha no solo en tu *próximo*, sino también en el de otra persona. Por esta razón fundamental, nunca debes rendirte ni ceder. Todo en la vida conduce a un *próximo*. ¿Te despidieron? ¡*Próximo*! ¿Tu pareja te dejó? ¡*Próximo*! ¿Acabas de perder ese trato? ¿Perdiste mucho dinero? ¿No conseguiste esa oportunidad que pensabas que era tuya? ¡*Próximo*! ¿Te pasaste esa salida? ¡*Próximo*! Incluso Dios tuvo un *próximo* paso. Cuando perdió al hombre por el pecado, cambió a su plan para redimir al mundo.

Un amigo mío que es periodista vino a visitarme en Ghana. Llegó con baúles llenos de equipo para cubrir su viaje. Cuatro iPhones, cuatro drones, y cinco cámaras. Debía tener al menos cien baterías. Cuando comenté sobre todas sus cosas, él respondió: "¡He aprendido a estar siempre preparado para cualquier cosa!

Nunca sabes qué sucederá". Efectivamente, durante una de sus aventuras, la canoa en la que iba volcó y perdió un dron, un teléfono y una cámara. El océano se los llevó; pero eso no lo detuvo. Simplemente dijo: "¡*Próximo*!", y sacó su cámara, dron y teléfono de repuesto.

Espero que entiendas lo que estoy diciendo. Lo *próximo* depende de ti: de tu mentalidad, perspectiva, estado de preparación y capacidad para pensar y moverte rápidamente. ¡No te quedes atascado donde estás! No dejes que lo que sucedió te paralice. Hay más por llegar. ¡Se llama lo *próximo*!

¡Siempre hay un *próximo*! Y, como dijo la reina de Saba después de visitar al rey Salomón: "¡Lo que había oído no refleja ni la mitad!" (véase 1 Reyes 10:7). Así que aparta la vista de lo inmediato. Desarrolla una visión a largo plazo para ver más allá de donde estás. Visualiza lo *próximo* y ten un plan de sucesión para cada área de tu vida. No importa lo que pase, recuerda que todo en la vida tiene una fecha de caducidad.

Como he compartido, tuve que adaptarme a dejar lo familiar y mudarme a tres continentes, una isla y dos ciudades importantes. He perdido empleos, al amor de mi vida por la muerte, y a un padre. Perdí dinero. Perdí mi hogar. Tres de mis perros han muerto. He perdido grandes oportunidades. Perdí la capacidad de moverme por mi cuenta durante un periodo de tiempo. Estas son solo algunas cosas que me han devastado. Parecía que el dolor nunca iba a desaparecer. Me han apartado una y otra vez con cosas impensables, pero a través de todo eso he aprendido que nada dura para siempre, con la excepción de la eternidad. Todo lo demás pasa.

Tienes opciones infinitas, pero solo las verás si crees en una palabra pequeña y poderosa: ¡*Próximo*!

CUANDO TODO CAMBIÓ

Cuando se produce el cambio en tu vida no es un indicador de fracaso o un juicio de cómo has vivido hasta ahora. Es meramente el empujón que necesitas para avanzar, para desechar viejos hábitos y pensamientos que te ayuden a girar la esquina de la vida, levantarte, y aceptar una estación totalmente nueva. Pero para que eso ocurra tienes que tomar decisiones informadas en una forma que sea relevante para tu entorno actual. Recuerda: llegarás a dominar el impacto que tendrás sobre la base de tu capacidad para conectar con otros y el legado que creas. Nunca llegarás a lo *próximo* en solitario.

CAMBIO DE MENTALIDAD

- ¿Quién te ha sido asignado? ¿Con qué propósito?
- ¿Con qué cultura estás lidiando?
- ¿Dónde encuentras resistencia?
- ¿Qué cambios tienes que hacer para ser relevante?
- ¿Cuál es tu plan de sucesión?

EN RETROSPECTIVA

La vida es una serie de *próximos*. Cuando aceptamos esta realidad, podemos cambiar fácilmente y adaptarnos a los golpes que puedan asaltarnos. No hay un número especificado de cambios por delante. La vida es una enseñanza en la que avanzamos al siguiente grado cuando hemos aprendido la lección y hemos pasado el examen. A diferencia del sistema educativo del mundo, en la vida tenemos tantas oportunidades como necesitemos para vivir, aprender, y avanzar cuando hemos adquirido conocimiento.

El viaje de cada uno es personal y a la vez progresivo. No hay prisa. El objetivo final no es correr de cabeza a través de una serie de *próximos* solo por atravesar experiencias y evitar momentos educativos, sino llegar al *próximo* supremo, que es más significativo y duradero: completar la carrera y terminar bien. Entonces, escucharemos a Dios decirnos: *Bien hecho, mi buen siervo fiel* (Mateo 25:21) mientras entramos en el *próximo* final, ese continuo de gozo eterno y delicias para siempre.

Plantéate esta pregunta: ¿Qué quieres que la gente diga de ti cuando hayas pasado a lo *próximo*?

LA PRÓXIMA ORACIÓN

> *Pues yo sé los planes que tengo para ustedes —dice el SEÑOR—. Son planes para lo bueno y no para lo malo, para darles un futuro y una esperanza.* (Jeremías 29:11)

Amado Padre celestial, a veces es difícil creer que te importa lo que a mí me importa. Sé que recoges mis lágrimas en una botella y me amas con un amor eterno, pero a veces la vida me dice lo contrario. Aun así, me aferro desesperadamente a tu promesa, esperando a que muestres tu mano. Sé que mi tiempo no es el tuyo, lo cual es lo que realmente pone a prueba mi fe. Soy como un niño en un viaje en auto muy largo que pregunta repetidamente: "¿Ya llegamos?". Gracias por tu paciencia y tus afirmaciones cuando estoy al límite de mi fe. Elegiré confiar en ti. Elegiré esperar en ti. Elegiré dejar de tomar mi vida en mis manos. Correré hacia tus brazos y me quedaré allí hasta que completes lo que has comenzado en mí y para mí. Ayúdame a esperar con expectativa alegre, en el nombre de Cristo Jesús. Amén.

¿Qué te hace batallar con la espera?

____

____

____

____

¿Qué es lo que más quieres?

____

____

____

____

Escribe tu confesión de fe a continuación:

____

____

____

____

¿No eres capaz de discernir este nuevo día de destino irrumpiendo a tu alrededor? Las primeras señales de mis propósitos y planes están brotando. Las viñas en cierne de la nueva vida ahora están brotando por todas partes. La fragancia de sus flores susurra: "Hay un cambio en el aire".

(Cantar de los Cantares 2:13, TPT, traducción libre)

ACERCA DE LA AUTORA

Conocida como "la reina de la reinvención y el empoderamiento", Michelle McKinney Hammond ha escrito más de cuarenta libros con unas ventas que superan los dos millones de ejemplares en todo el mundo, entre los que se incluyen *What to Do Until Love Finds You*; *The Diva Principle*; *Sassy, Single and Satisfied*; *101 Ways to Get and Keep His Attention*; y *Secrets of an Irresistible Woman*.

Nacida en Londres, Inglaterra, Michelle pasó su infancia en Barbados, West Indies y Muskegon, Michigan. Aunque ella dice que era "un patito feo" y sufrió *bullying* cuando era niña, en la secundaria actuaba y cantaba en papeles principales en producciones de la comunidad y también escolares.

Tras la secundaria, Michelle se mudó a Chicago y se graduó de la universidad de diseño Ray-Vogue, que ahora es el Instituto de Arte de Illinois. Durante un viaje a Ghana para conocer por primera vez a la familia biológica de su papá, recibió una fuerte influencia de su abuela paterna, una mujer devotamente religiosa que pasaba varias horas al día en oración. Más adelante, tras regresar a los Estados Unidos, Michelle se convirtió en una cristiana dedicada.

Se unió a la empresa de publicidad Burrell Advertising, con base en Chicago, donde finalmente se convirtió en directora creativa asociada. Michelle tuvo una carrera exitosa en publicidad como directora de arte, escritora y productora, con clientes como Coca-Cola USA, MacDonald's, Procter & Gamble, y General Motors Company. Recibió numerosos premios por su trabajo, incluyendo un Premio de Televisión de los Estados Unidos, más de treinta premios de Creative Excellence in Black Advertising, un Premio Windy, y premios International Television Philo de bronce y de plata.

En 1995 Michelle sufrió una devastadora lesión en la pierna después de ser atropellada por un automóvil. Estuvo postrada en cama durante un año y medio, pero el accidente marcó un punto de inflexión espiritual para ella. Decidió seguir una nueva carrera ayudando a mujeres cristianas solteras a encontrar una vida saludable y plena, con o sin esposo. Su primer éxito de ventas, *What to Do Until Love Finds You*, se publicó en 1997.

Desde entonces, Michelle ha lanzado una carrera multifacética como conferencista, cantante, productora, actriz, experta en relaciones y *coach* de vida, alcanzando a hombres y mujeres de todas las esferas de la vida.

Michelle es la presidenta del ministerio *Michelle McKinney Hammond* (MMH) *Ministries* y *DivaCor LLC*, con base en Estados Unidos, y la directora de *Belmont Resources, Meridien Securities* y *Alwaaba Leisure Ltd.* con base en Ghana. Fue premiada con un doctorado ministerial honorífico de la American Bible University.

Ha grabado cuatro discos en solitario: *It's Amazing, Let's Go In, Come Let Us Worship*, y *With Love*. También es la visionaria, pastora y cantante principal de *Relevance*, un ministerio musical único con base en Ghana, África Occidental, donde tiene su hogar. *Relevance* se enfoca en llevar a la Iglesia más allá de las paredes y llevar la adoración a las calles con *rockspiration,* una fusión de rock, reggae, jazz y percusión africana. Han publicado tres disco titulados *Forever, The Greatest Gift* y *For Love's Sake,* con un cuarto disco listo para su publicación en 2023.

Fue presentadora durante diez años y ganó un Emmy por su trabajo en el programa televisivo de entrevistas *Aspiring Women* de Total Living Network, galardonado con un premio Emmy, y *3D Woman* de Tri-State Christian Television durante ocho temporadas.

Michelle ha aparecido recientemente en las producciones de Roma Downey y Mark Burnett de *Women of the Bible* en Lifetime y *A.D., The Bible Continues.* Actualmente, realiza segmentos inspiradores llamados "Truth But Fair" en su nueva red lightworkers.com y en Light TV. Michelle también ha actuado en varias telenovelas y películas africanas.

Ha participado en innumerables programas de radio y televisión, entre los que se incluyen *Politically Incorrect* de Bill Maher, *The Other Half* de la NBC, *The 700 Club,* Daystar, Huntley Street, TBN, *Oh Drama* de BET y *The Michael Baisden Show.* También fue presentadora regular de segmentos sobre relaciones en *WGN Morning News* de Chicago y *Fox and Friends,* de la Fox.

La obra de Michelle ha sido destacada en *Today's Christian Woman, Precious Times, The Plain Truth, Gospel Today, Essence, Ebony, Jet, Black Enterprise Magazine, Chicago Tribune,* y *The New York Times.*

Para conectar con Michelle o encontrar más recursos, visita michellehammond.com.